VIA MEA

ARBEITSHEFT 3

Herausgegeben von
Susanne Pinkernell-Kreidt,
Dieter Belde,
Jens Kühne,
Peter Kuhlmann

unter Mitwirkung von
Dieter Belde,
Jörg Brüll,
Heiko Deden,
Claudia Homann,
Marianne Illi-Schraivogel,
Stefan Schrade

Redaktion: Andrea Forster, Werner Schmidt
Illustration: Roland Beier, Berlin
Coverfotos: L: Discobolus, Vatican Museums and Galleries, Vatican City /
Alinari / The Bridgeman Art Library; R: Stefan Wagner, Berlin.
Umschlaggestaltung: Michael Anker
Layoutkonzept und technische Umsetzung: Checkplot Anker & Röhr, Berlin

www.cornelsen.de

1. Auflage, 4. Druck 2021

Alle Drucke dieser Auflage sind inhaltlich unverändert
und können im Unterricht nebeneinander verwendet werden.

© 2013 Cornelsen Schulverlage GmbH, Berlin
© 2017 Cornelsen Verlag GmbH, Berlin

Druck: AZ Druck und Datentechnik GmbH, Kempten

ISBN 978-3-06-120159-3

PEFC zertifiziert
Dieses Produkt stammt aus nachhaltig
bewirtschafteten Wäldern und kontrollierten
Quellen.

PEFC
PEFC/04-31-2260

www.pefc.de

Salve!

Mit deinem Arbeitsheft kannst du selbstständig oder im Unterricht deinen Wissensstand überprüfen und gezielt das üben, was dir noch nicht ganz vertraut ist oder worin du noch Schwierigkeiten hast.

Mit dem Test zu Beginn jeder Lektion ermittelst du deinen Kenntnisstand. Anhand der Lösungen auf der CD-Extra kannst du feststellen, ob du alle Aufgaben richtig bearbeitet hast. Die Auswertung der Testaufgaben verweist dich gegebenenfalls auf die Übungen im Training, mit denen du dein Wissen zu einem ganz bestimmten Bereich festigen kannst.

Alle Übungen des Trainings sind wie in deinem Schülerbuch den Bereichen Wort – Form – Satz und Text zugewiesen und ohne Sternchen oder mit nur einem Sternchen versehen. So kannst du dich gut zurechtfinden.

Ein Test am Ende jeder Lektion gibt dir Klarheit darüber, ob du nun wirklich alles verstanden hast. Bei Unsicherheiten werden dir auch hier die Übungen im Training genannt, die du (noch einmal) bearbeiten solltest.

Wer sich nun ganz sicher fühlt oder bereits im Eingangstest alle Aufgaben richtig gelöst hat, macht die kniffligen Aufgaben des Extra-Trainings.

Viel Freude und Erfolg beim Lateinlernen wünschen dir
Herausgeber, Autoren und Verlag!

Was ich in Lektion 14 – 25 gelernt habe

Teste deine Kenntnisse. Denn immer wenn du feststellst, dass sie nicht ausreichen, solltest du den entsprechenden Lernwortschatz im Schülerbuch oder die entsprechenden Kapitel in der Grammatik heranziehen und nachlernen.
Wenn du bereits alles gut beherrschst oder inzwischen deine Kenntnisse vervollständigt hast, sollte dir das folgende Lateinjahr gut gelingen.

ⓜ 1. Wiederhole deinen Wortschatz.

Hier ein kleiner Test als Einstieg. Aus jeder Lektion sind fünf wichtige Vokabeln ausgewählt. So solltest du gut erkennen, wo du mit dem Nachlernen beginnen musst:

L 14: rex – cura – omnis – frustra – tot	
L 15: umquam – ferus – brevis – quam – tenuis	
L 16: copia – pars – gloria – civis – odor	
L 17: crudelis – virtus – unda – sors – acies	
L 18: vis – species – firmus – urbs – dulcis	
L 19: fatum – contentus – summus – caelum – portus	
L 20: civitas – vivus – forte – fere – quia	
L 21: tam – impetus – hospes – insidiae – medius	
L 22: quantus – certus – neque – opus – utilis	
L 23: ars – primo – nisi – victor – aurum	
L 24: ultimus – pretium – prius – ipse – alter	
L 25: invidia – talis – foedus – cupidus – ergo	

🔟 **2. Und hier kommen wichtige Verben.**

Gib die Stammformen und die jeweilige Konjugation an:

accidere	
adire	
afferre	
auferre	
cogere	
condere	
conferre	
consulere	
decernere	
deferre	
deficere	
dimittere	
docere	
ignorare	
incipere	
iubere	
metuere	
persuadere	
praeesse	
providere	
relinquere	
solvere	
studere	
vincere	

🌀 **3. Unterstreiche alle Konjunktivformen, suche die zweideutigen Formen heraus und bestimme sie:**

collegeram – adiuvarem – relinquam – creveras – pepereris – vexarentur – auxissent – promittes – contendis – sustineas

Zweideutige Formen/Bestimmung:

_____

_____

4. Dekliniere *animal ferum – rex falsus – ora mirabilis:*

	animal ferum	rex falsus	ora mirabilis
Nom. Sg.			
Gen. Sg.			
Dat. Sg.			
Akk. Sg.			
Abl. Sg.			
Nom. Pl.			
Gen. Pl.			
Dat. Pl.			
Akk. Pl.			
Abl. Pl.			

5. Sortiere die Partizipien und die Formen des Gerundiums aus:

excessum – lacum – populum – talem – solentem – docentem – potenti – falsi – nisi – laudi – recti – orbi – habenti – argenti – victori – legendi – medii – ponendi – posui – hospiti – vivi – violati – aegri – solvi – tuli – agitati – petiti – probanti – fratri – navi

PPA/Partizip der Gleichzeitigkeit	PPP/Partizip der Vorzeitigkeit	Gerundium

6. Bestimme genau, was die Endung *-e* jeweils signalisiert:

	Bestimmung		Bestimmung
celere		ille	
amore		minime	
longe		acie	
auge		optante	
sinere		false	
parite		utile	
minore		quare	

7. Unterstreiche die typischen Einleitungswörter für einen Nebensatz und gib die Bedeutungen an:

at – ne ... quidem – numquam – cum – profecto – ubi – ut primum – deinde – quia – tam – sic – si – nuper – nisi – prius – quodsi – huc

_____

_____

_____

_____

8. Unterstreiche jeweils Partizip und Bezugswort und klammere dann PC und Abl. abs. richtig ein.

Achtung, beim Abl. abs. muss das Bezugswort mit eingeklammert werden, beim PC darf es das nicht.

1. Troia deleta Aeneas fugit. 2. Aenea narrante omnes delectati sunt. 3. Filius a patre vocatus celeriter venit. 4. Troiani equum videntes eum in urbem duxerunt.

9. Unterstreiche alle Ablative und gib jeweils an, was der Ablativ ausdrücken soll:

1. Europa cum puellis ludebat. 2. Taurus incredibili forma erat. 3. Corpus colore niveo[1] erat. 4. Erat pulchrior omnibus animalibus. 5. Europa corpus tauri manibus tetigit. 6. Europa brevi tempore flores collegit. 7. Caput tauri floribus ornavit. 8. Europa sine timore in tergo tauri consedit.

1 niveus, -a, -um schneeweiß

_____

_____

_____

_____

10. a Kreuze an, ob die folgenden Sätze jeweils Wunschsätze sind oder nicht:

	Wunsch	Kein Wunsch
1. Victores saepe crudeles sunt.		
2. Utinam ne victores tam crudeles essent!		
3. Carthago a Romanis capta est.		
4. Utinam ne Carthago a Romanis capta esset!		
5. Omnibus temporibus homines sperant.		
6. Utinam homines omnibus temporibus sperent!		
7. Utinam deus preces nostras audiat!		

10. b Benenne die Merkmale von Wunschsätzen:

_____

_____

11. a Erkläre die Begriffe „gleichzeitig" und „vorzeitig":

_____

_____

_____

11. b Gib an, welche Sinnrichtungen Partizipialkonstruktionen im Satz haben können:

_____

_____

11. c Gib bei folgenden Sätzen an, ob die Partizipialkonstruktion gleichzeitig oder vorzeitig ist und welche Sinnrichtung sie hat:

1. Troia deleta Aeneas patriam reliquit.

_____

2. Aenea multis de periculis narrante Dido attenta erat.

_____

3. Multis periculis superatis tamen Troiani salvi ad oram Africae pervenerunt.

_____

12. a Gib an, welche Aufgaben Konjunktivformen im Satz haben können:

_____

_____

_____

12. b Gib an, welche Aufgabe die Konjunktivformen jeweils im Satz haben:

1. Utinam dei preces Romanorum audiant! _____

2. Omnes sciunt, quid Romani fecerint. _____

3. Si Romani urbem cepissent, cives magno in periculo fuissent. _____

4. Utinam dei cives adiuvissent! _____

5. Periculum erat, ne Romani oppidum delerent. _____

Was ich schon kann

▶ Lösungen CD

> Wenn du die folgenden Aufgaben löst, erkennst du genau, was du schon kannst und was
> du noch üben musst. Arbeite dann die angegebenen Übungen durch. Der Test am Ende der
> Lektion auf S. 15 – 17 verrät dir, ob du beim Üben schon erfolgreich warst. Wenn du schon alles
> kannst, kannst du auch gleich zum Test gehen.
> Und wenn du auch den Test ohne alle Probleme gelöst hast, kannst du noch das Extra-Training
> auf S. 28 bearbeiten.

1. Ordne dem lateinischen Wort jeweils seine deutsche Bedeutung zu:

A) comparare B) conscribere C) diuturnus D) favere E) otium F) potestas G) saeculum H) sumptus I) uterque J) vindicare	1) die/eine (Amts-)Gewalt; (die) Macht; die/eine Möglichkeit 2) der/ein Aufwand; (die) Kosten 3) beanspruchen; schützen; bestrafen; befreien 4) begünstigen, unterstützen 5) (die) Eintracht, (die) Harmonie 6) eintragen, aufschreiben; ausheben 7) (die) freie Zeit, (die) Ruhe; (der) Frieden 8) jeder (von zweien), beide 9) lange, lange andauernd 10) sorgen für; lassen 11) vorbereiten; beschaffen; vergleichen 12) das/ein Zeitalter; das/ein Jahrhundert	Wenn du von den Bedeutungen der zehn neuen Vokabeln mehr als zwei nicht genau zuordnen konntest, bearbeite die Übung 1 auf S. 12.

2. Glückliche und unglückliche Verbindungen

od- (von *odisse*), *memin-* (von *meminisse*)
und *nov-* (von *novisse*[1]) sind Perfektstämme.
Unterstreiche die Endungen, die sich
sinnvoll an diese Stämme hängen lassen:

1 novisse
kennen, wissen

od-	-erat	memin-	-istis	nov-	-i
	-it		-isti		-ebamus
	-emus		-itis		-isses
	-erunt		-erit		-erim
	-isses		-o		-ebo

> Wenn du insgesamt mehr als zwei Endungen nicht richtig unterstreichen konntest, bearbeite
> die Übung 2 auf S. 12.

⑤ 3. Die Übersetzung des Gerundivums

Kreuze die richtigen Übersetzungen an. Eventuelle Fehler kommen nur bei der Wiedergabe des Gerundivums vor. Manchmal sind beide Übersetzungen richtig.

1. Auctoritatis imperii augendae causa Augustus multa templa pulchra aedificari iussit.
a) Um das Ansehen des Reiches zu vergrößern, ließ Augustus viele schöne Tempel erbauen.
b) Nachdem er das Ansehen des Reiches vergrößert hatte, ließ Augustus viele schöne Tempel erbauen.
2. Augustus copias in Galliam misit ad provinciam pacandam.
a) Augustus schickte Truppen zur Befriedung der Provinz nach Gallien.
b) Augustus schickte Truppen nach Gallien, um die Provinz zu befrieden.
3. In re publica regenda Augustus se prudentem praestitit.
a) Im Staat regierte Augustus und er erwies sich als klug.
b) Beim Regieren des Staates erwies sich Augustus als klug.
4. Auctoritate imperii reficienda Augustus sibi gloriam aeternam[1] paravit.
a) Indem Augustus das Ansehen des Reiches wiederherstellte, verschaffte er sich ewigen Ruhm.
b) Durch das Ansehen des Reiches bei seiner Wiederherstellung verschaffte sich Augustus ewigen Ruhm.
5. Augustus ingenti cupiditate imperii regendi adductus princeps rei publicae esse studuit.
a) Von der gewaltigen Begierde, das Reich zu beherrschen, veranlasst, bemühte sich Augustus, der erste Mann im Staat zu sein.
b) Augustus bemühte sich, der erste Mann im Staat zu sein, weil er als Herrscher eine riesige Begierde nach dem Reich hatte.
6. Augustus architectis[2] clarissimis aedificia grandia reficienda mandavit.
a) Augustus vertraute den berühmtesten Architekten bedeutende Gebäude an, damit sie diese wiederherstellen.
b) Augustus beauftragte die berühmtesten Architekten mit der Wiederherstellung bedeutender Gebäude.
7. Tempus familiae[3] curandae Augusto saepe defuit.
a) Das Fehlen einer Familie war für Augustus oft eine Zeit der Sorge.
b) Oft fehlte Augustus die Zeit, für seine Familie zu sorgen.
Wenn du insgesamt mehr als zweimal nicht richtig angekreuzt hast, bearbeite die Übung 3 auf S. 13.

1 aeternus, -a, -um
ewig

2 architectus, -i m.
der/ein Baumeister,
der/ein Architekt

3 familia, -ae f.
die/eine Familie

4. Der doppelte Akkusativ

Unterstreiche das Akkusativobjekt einfach und das zugehörige Prädikatsnomen oder Prädikativum doppelt:

1. Populus Romanus Augustum consulem et triumvirum creavit.

2. Plerique Romani Augustum imperatorem bonum putaverunt.

3. Augustus libertates, quae civibus ante bellum fuerant, numquam restituendas curavit.

4. Bello civili[1] finito Augustus civitatem Romanam, ut ita dicam[2], aegrotam accepit.

5. Multi reges peregrini clarissimos viros legatos ad Augustum miserunt.

6. Augustum iam puerum aliis liberis saepe imperavisse fama est.

7. Nonnulli imperatorem eo modo, quo dei coluntur, colendum duxerunt.

> 1 civilis, civilis, civile,
> *Gen.:* civilis
> bürgerlich, Bürger-
>
> 2 ut ita dicam
> sozusagen

> Wenn du insgesamt mehr als zweimal nicht richtig unterstrichen hast, bearbeite die Übung 4
> auf S. 13.

5. Die Bürgerkriege und die Herrschaft des Augustus

Viele Römer hatten in der Zeit der Bürgerkriege
sehr gelitten und nahmen dem gegenüber
die Herrschaft des Augustus als sehr segensreiche
Zeit wahr.
Welche der folgenden Aussagen bezieht sich eher
auf die Zeit der Bürgerkriege (B),
welche eher auf die Herrschaft des Augustus (A)?

	B	A
1. Romani proeliis perpetuis paene rem publicam deleverunt.		
2. Imperator urbem aedificiis pulchris ornavit.		
3. Multis militibus conscriptis Augustus cum Antonio de summo imperio certavit.		
4. Preces, quibus Romani auxilium a deis petebant, diu non audiebantur.		
5. Civibus cum civibus pugnantibus vires Romanorum ad hostes superandos vix suffecerunt[1].		
6. Cives pace gaudentes se Augusto duce feliciter vivere dixerunt, quamquam libertate spoliati erant.		
7. Saeculum, in quo senatui paucae libertates sunt, liberum dici non potest, etsi[2] imperium imperatore bono floret.		
Wenn du insgesamt mehr als einmal nicht richtig angekreuzt hast, bearbeite die Übung 5 auf S. 14.		

> 1 sufficere, sufficio,
> suffeci
> genügen, ausreichen

> 2 etsi
> auch wenn

► Lösungen CD

Mein Training

🎵 1. Vokabelrätsel

Unterstreiche jeweils die passende Vokabel.
Bilde aus den angegebenen Buchstaben das
Lösungswort. (Gesucht wird der Name eines
Monuments, das Augustus erbauen ließ.)

1. Augustus iam iuvenis magnum exercitum comparavit/favit/floruit. (5.)
2. Non solum Romani, sed etiam gentes natae/peregrinae/privatae Augustum laudaverunt. (3.)

1 monumentum, -i n.
das/ein Denkmal

3. Monumenta[1] Augusto auctore aedificata a multis hominibus grandia/libera/stulta dicuntur. (3.)
4. Augustus Galliam atque Hispaniam bello curavit/meminit/pacavit. (1.)
5. Romani Augustum patrem patriae nominaverunt/paruerunt/refecerunt. (6.)

2 civilis, civilis, civile,
Gen.: civilis
bürgerlich, Bürger-

3 regnare
Herrscher sein,
herrschen

6. Ii, qui bello civili[2] de summo imperio certaverunt, cupiditate/finitimo/triumviro regnandi[3] adducti erant. (1.)
7. Imperium Augusti saeculum concordiae/inimicorum/peregrinorum fuit. (8.)
8. Otia/Sumptus/Theatra belli gerendi ingentes esse possunt. (1.)

Lösungswort: __ __ __   __ __ __ __ __
            1 2 3   4 5 6 7 8

🍎 2. Gegensätze ziehen sich an

Ordne den links angegebenen Verbformen jeweils ihr Gegenteil zu. Personalform, Modus und
Zeitstufe müssen jeweils gleich sein. Orientiere dich dabei an der folgenden Übersicht.

Gegensätzliche Verben:
ignorare (nicht kennen)   ↔   novisse (kennen)
amare (lieben)   ↔   odisse (hassen)
e memoria deponere (aus der Erinnerung tilgen) ↔   meminisse (sich erinnern)

1. amabam
2. ignoret
3. e memoria deponunt
4. ignoraret
5. amarem
6. amem
7. e memoria deponeretis
8. e memoria deponebas
9. ignoro
10. e memoria deponant
11. ignorabatis
12. amas

a) noverit
b) memineras
c) novi
d) odisti
e) meminerint
f) noveratis
g) novisset
h) oderam
i) oderim
j) meminissetis
k) meminerunt
l) odissem

3. Richtig oder falsch?

Die folgenden Sätze beziehen sich auf den Untergang Karthagos.
Kreuze jeweils an, ob die vorgeschlagene Übersetzung richtig (r) oder falsch (f) ist.
Eventuelle Fehler kommen nur bei der Wiedergabe des Gerundivums vor.

	r	f
1. Bello Punico[1] finito Hannibal Carthaginem restituendam curavit. Nachdem der Zweite Punische Krieg beendet war, sorgte Hannibal für den Wiederaufbau Karthagos.		
2. Nonnulli senatores Romani cupiditate Carthaginis delendae moti senatum ad bellum tertium adducere studuerunt. Einige römische Senatoren waren trotz der Zerstörung Karthagos noch von Begierde bewegt und bemühten sich, den Senat zu einem dritten Krieg zu veranlassen.		
3. P. Cornelius Scipio magnorum proeliorum pugnandorum cupidus fuit. Der große P. Cornelius Scipio war in den Schlachten begierig auf das Kämpfen.		
4. Scipio non solum fortiter pugnando, sed etiam litteris Graecis legendis se excellentem[2] praestitit. Scipio erwies sich nicht nur durch seine Tapferkeit im Kampf, sondern auch durch seine Lektüre der griechischen Literatur als herausragend.		
5. Gentes Africanae[3], quae socii[4] Romanorum erant, multos milites perdiderunt[5] in copiis Romanis adiuvandis. Die afrikanischen Völker, die Verbündete der Römer waren, verloren viele Soldaten, als sie den römischen Truppen halfen.		
6. Carthaginis delendae causa Scipio ingentem impetum paravit. Der Grund für die Zerstörung Karthagos war, dass Scipio einen gewaltigen Angriff vorbereitet hatte.		
7. Carthaginienses, quamquam ad patriam defendendam parati erant, a copiis Romanorum fortibus victi sunt. Obwohl die Karthager auf die Verteidigung der Heimat vorbereitet waren, wurden sie von den starken Truppen der Römer besiegt.		

1 Punicus, -a, -um
punisch

2 excellens, excellens, excellens,
Gen.: excellentis
herausragend

3 Africanus, -a, -um
afrikanisch

4 socius, -i m.
hier: der/ein Verbündete(r)

5 perdere, perdo, perdidi, perditum
verlieren

4. Pax Augusta

Im Folgenden findest du Aussagen über die friedvolle Regierungszeit des Augustus, die *Pax Augusta*. Füge die Satzanfänge und -enden sinnvoll zusammen und unterstreiche jeweils das Akkusativobjekt einfach und das zugehörige Prädikatsnomen bzw. Prädikativum doppelt:

1. Romani otio gaudentes Augustum

2. Pauci imperatores se tam

3. Multi poetae[2] Augusto carmina[3] pulchra

4. Augustus multos, qui ei restiterant,

5. Si fidem[4] praestiterant, Augustus populos superatos

6. Augustus pius deos

a) expellendos curavit.

b) munera[1] miserunt.

c) prudentes praestiterunt quam Augustus.

d) in templis colendos curavit.

e) principem pacis nominaverunt.

f) saepe amicos Romanorum fecit.

1 munus, muneris n.
das/ein Geschenk

2 poeta, -ae m.
der/ein Dichter

3 carmen, carminis n.
das/ein Gedicht

4 fides, fidei f.
(die) Treue;
(das) Vertrauen;
die/eine Zusicherung

5. Augustus – ein umstrittener Herrscher

Die Meinungen seiner Zeitgenossen über den Kaiser Augustus gingen weit auseinander. In welchen Aussagen zeigen sich eher positive Aspekte (+), in welchen eher negative (-)? Kreuze an:

	+	–
1. „Si Augustus bello civili[1] ab alio duce superatus esset, nunc beatius viveremus.“		
2. „Augusto imperatore senatui Romano multae libertates raptae sunt.“		
3. „Artes, litterae, spectacula[2] – quam me iuvat vitam iucundam Romae videre!“		
4. „Finibus imperii augendis et muniendis Augustus nos ab hostibus vindicat.“		
5. „Augustus in[3] poetas[4] vindicavit[3], quorum opera mores bonos laedere[5] putavit.“		
6. „Inimicis expellendis vel[6] interficiendis Augustus potestatem suam defendit.“		
7. „Augusto imperatore cives sine timore belli in otio et concordia vivunt.“		

1 civilis, civilis, civile,
Gen.: civilis
bürgerlich, Bürger-

2 spectaculum, -i n.
hier: die/eine
Theateraufführung

3 vindicare in
vorgehen gegen,
bestrafen

4 poeta, -ae m.
der/ein Dichter

5 laedere, laedo, laesi,
laesum
verletzen;
hier: verstoßen gegen

6 vel
oder

Mein Test

▶ Lösungen CD

Nun solltest du erkennen können, ob du auf dem Stand des Wissens bist.

1. Gib alle Bedeutungen der folgenden neuen Vokabeln an:

potestas		Wenn du mehr als zwei Bedeutungen nicht genau angeben konntest, bearbeite die Übung 1 auf S. 12.
nominare		
causa		
pacare		
vindicare		
legatus		
sumptus		
uterque		
diuturnus		
trahere		

2. Liebe und Hass, Erinnerung und Vergessen, Kenntnis und Unkenntnis

In den folgenden Sätzen begegnen dir ein paar „alte Bekannte" aus der Mythologie. Setze die folgenden Verbformen passend in die Sätze ein:

oderat – odissent – odi – meminerat – meminisse – meministi – noverat[1] – novi[1] – novistis[1]

1 novisse, novi
kennen, wissen

1. Helena rapta duces Graeci tam irati fuerunt, ut totum[2] populum Troianum _____.

2 totus, -a, -um
ganz

2. Achilles diu _____ Agamemnonem sibi iniuriam[3] fecisse.

3 iniuria, -ae f.
das/ein Unrecht

3. Laocoon Troianos monens equum Graecorum periculum esse _____.

4 obire, obeo, obii
auf sich nehmen

4. Patroclus semper _____ studuit, quanta cum virtute Achilles mortem obisset[4].

5 prudentia, -ae f.
(die) Klugheit,
(die) Vorsicht

5. Ulixes Sirenes audiens cogitavit: „Prudentiam[5] meam _____, quia nunc mulierum cognoscendarum cupidissimus sum."

6. Aeneas, cum ex incendio fugeret, sibi dixit: „Fortunam defecisse nos nunc _____."

7. Dido Aeneam cedentem rogavit: „Nonne te noctes dulcissimas mecum egisse[6] _____?"

6 agere, ago, egi, actum
hier: verbringen

8. Dido relicta Aeneam semper _____, etiam post mortem.

9. Aeneas deos iterum atque iterum rogabat: „Adeste nobis! _____, ubi patriam novam inveniamus."

Wenn du insgesamt mehr als zwei Formen falsch eingesetzt hast, bearbeite die Übung 2 auf S. 12.

⟲ 3. Lückentext

Setze die folgenden Gerundiva passend in die Lücken ein:

hostibus pacandis – imperatore vituperando[1] – imperatorem delectandum – legendas –
observandos – provinciarum pacandarum – rei publicae regendae – summum imperium
capiendum

1 vituperare
tadeln

2 poeta, -ae m.
der/ein Dichter

3 carmen, carminis n.
das/ein Gedicht

4 dedicare
widmen

5 maiores, maiorum m.
hier: (die) Vorfahren

6 tradere, trado, tradidi,
traditum
übergeben

7 clementia, -ae f.
(die) Milde

1. In _____ nonnulli poetae[2] magna pericula vitae subierunt.

2. Augusto imperatore senatui vera potestas _____ defuit.

3. Nonnulli poetae[2] Augusto carmina[3] dedicaverunt[4] ad _____,

   ut eis benignus esset.

4. Augustus _____ causa bella in Gallia Hispaniaque gessit.

5. Augustus, cum ad _____ paratissimus esset,

   consilium suum optime confecit.

6. _____ Augustus populo Romano pacem, otium, concordiam

   comparavit.

7. Augustus mores maiorum[5] _____ curavit.

8. Legati a gentibus peregrinis missi Augusto litteras _____

   tradiderunt[6], ut clementiam[7] imperatoris peterent.

> Wenn du insgesamt mehr als zwei Gerundiva falsch eingesetzt hast, bearbeite die Übung 3
> auf S. 13.

⟲ 4. Einflussreiche Persönlichkeiten aus der Mythologie

Füge die folgenden Prädikatsnomen bzw. Prädikativa passend in die Sätze ein:

causam – filios – hospitem – prudentissimum – regem – stultum – uxores

1 ligneus, -a, -um
hölzern

1. Faustulus Romulum et Remum _____ accepit.

2. Numitore fratre expulso Amulius se ipsum _____ Albae

   Longae fecit.

3. Equum ligneum[1] inveniendo Ulixes se _____ praestitit.

4. Nonnulli Troiani Helenam _____ belli dixerunt.

5. Troiani Laocoontem _____ duxerunt et irriserunt.

6. Dido Aeneam _____ accepit, quamquam peregrinus erat.

7. Romani Sabinas _____ desideraverunt.

> Wenn du insgesamt mehr als zwei Prädikatsnomen bzw. Prädikativa falsch eingesetzt hast,
> bearbeite die Übung 4 auf S. 13.

.

5. Portrait eines Kaisers

Vier der acht folgenden Aussagen beziehen sich auf den Kaiser Augustus. Kreuze sie an.
Wer wird jeweils in den anderen Aussagen beschrieben?

	Augustus	Andere
1. Magnificum templum Martis Ultoris aedificari iussit.		
2. Ingenti cum exercitu Alpes[1] transiit[2] et Romanos superavit.		
3. Cum fratre certavit, quod uterque rex esse cupivit. Tandem fratrem necavit.		
4. Instituta[3] rei publicae Romanae velut[4] senatum potestate spoliavit et ipse imperator rexit.		
5. Imperium florendum curavit, sed multos, qui ei non paruerant, punivit[5], expulsit, necavit.		
6. Ancyrae[6] monumentum[7] est, in quo multa facta eius imperatoris scripta sunt.		
7. Acerrimum[8] hostem imperii in perpetuum[9] superavit. Qua de causa Romani eum Africanum nominaverunt.		
8. Pater primi regis Romanorum est. Qua de causa Romani se ad bella gerenda maxime aptos[10] esse putaverunt.		
Wenn du bei mehr als zwei Sätzen nicht richtig angeben konntest, welche Person beschrieben wird, bearbeite die Übung 5 auf S. 14.		

1 Alpes, Alpium f.
die Alpen

2 transire, transeo,
transii
überschreiten

3 institutum, -i n.
die/eine Einrichtung

4 velut
wie (zum Beispiel)

5 punire
bestrafen

6 Ancyrae
hier: in Ancyra/Ankara

7 monumentum, -i n.
das/ein Denkmal

8 acer, acris, acre,
Gen.: acris
erbittert

9 in perpetuum
für immer

10 aptus, -a, -um (ad)
passend (für), geeignet
(zu); *hier:* fähig zu

► Lösungen CD

Was ich schon kann

Wenn du die folgenden Aufgaben löst, erkennst du genau, was du schon kannst und was du noch üben musst. Arbeite dann die angegebenen Übungen durch. Der Test am Ende der Lektion auf S. 24 – 27 verrät dir, ob du beim Üben schon erfolgreich warst. Wenn du schon alles kannst, kannst du auch gleich zum Test gehen.
Und wenn du auch den Test ohne alle Probleme gelöst hast, kannst du noch das Extra-Training auf S. 29 bearbeiten.

1. Ordne dem lateinischen Wort jeweils seine deutsche Bedeutung zu:

A) luxuria B) nullus C) item D) magnitudo E) exemplum F) commemorare G) perniciosus H) bestia I) difficilis J) multitudo	1) verderblich, schädlich 2) die/eine Größe 3) schwierig, schwer 4) der/ein Mangel, (die) Not 5) die/eine Menge 6) kein 7) (die) Verschwendung(ssucht) 8) ähnlich 9) erwähnen 10) ebenso 11) das/ein (wilde/s) Tier 12) das/ein Beispiel	Wenn du von den Bedeutungen der zehn neuen Vokabeln mehr als zwei nicht genau zuordnen konntest, bearbeite die Übungen 1 und 2 auf S. 20/21.

2. Unterstreiche alle Formen, die ein Gerundivum sind:

contemnendis – secundis – laudandae – amplum – appellandum – tandem – tangenda – pertinendorum – perniciosorum – tenendas – attentas – undas

Wenn du mehr als zweimal falsch unterstrichen hast, bearbeite die Übung 3 auf S. 21.

3. Ordne die Formen von *uterque, neuter, nemo* und *nullus* dem richtigen Kasus in der Tabelle zu:

utriusque – nulli – neutro – neminem – utrique – nullius – neutrius – nullo – nemini – neutri – neutrum – utroque – nullum – utrumque

Nominativ	**nemo**	**nullus**	**uterque**	**neuter**
Genitiv				
Dativ				
Akkusativ				
Ablativ				
Wenn du mehr als zwei Formen falsch zugeordnet hast, bearbeite die Übung 4 auf S. 21.				

§ **4.** *-nd*-Form und Dativ des Urhebers

Kreuze die richtige Übersetzung an. Beachte, dass mehrere Übersetzungen richtig sein können.

---

1. Nero modum donandi non tenuit.

   a) Nero muss nur schenken, obwohl er nichts hatte.

   b) Nero hatte kein Geschenk.

   c) Nero hatte kein Maß im Schenken.

   d) Nero hielt das Geschenk nicht fest.

2. Avaritia et luxuria a Nerone abstinendum est.

   a) Nero muss sich von Habgier und Verschwendungssucht fernhalten.

   b) Habgier und Verschwendungssucht müssen von Nero Abstinenz erzwingen.

   c) Von Nero müssen Habgier und Verschwendungssucht ferngehalten werden.

   d) Habgier und Verschwendungssucht müssen Nero fernhalten.

3. Dei hominibus colendi sunt.

   a) Die Menschen müssen die Götter verehren.

   b) Die Götter der Menschen müssen verehrt werden.

   c) Die Götter müssen von den Menschen verehrt werden.

   d) Die Menschen verehren die Götter.

4. Itaque facta mala Neronis probanda non sunt.

   a) Deshalb sind die schlechten Taten Neros zu billigen.

   b) Deshalb billigen die Menschen Neros schlechte Taten nicht.

   c) Deshalb dürfen Neros schlechte Taten nicht gebilligt werden.

   d) Deshalb müssen die schlechten Taten Neros nicht gebilligt werden.

5. Multi homines deis magis[1] parendum esse quam Neroni putaverunt.

   a) Viele Menschen glaubten, dass von den Göttern mehr gehorcht werden müsse als von Nero.

   b) Viele Menschen glaubten, dass man den Göttern mehr gehorchen müsse als Nero.

   c) Viele Menschen glaubten, dass den Göttern mehr gehorcht werden müsse als Nero.

   d) Viele glaubten, dass Nero den Göttern mehr gehorchen müsse als den Menschen.

   1 magis (Adv.) mehr; eher

6. Itaque Neronem civibus necandum esse dixerunt.

   a) Deshalb sagten die Bürger, dass Nero getötet werden müsse.

   b) Deshalb sagten sie, dass die Bürger Nero töten müssen.

   c) Deshalb sagten sie, dass Nero von den Bürgern getötet werden müsse.

   d) Deshalb sagten sie, dass Nero viele Bürger töten müsse.

Wenn du mehr als zwei Übersetzungen falsch angekreuzt hast, bearbeite die Übungen 5 und 6 auf S. 22/23.

5. Überlege, ob eine Aussage stimmt oder nicht.

Der Lektionstext auf S. 156/157 im Gesamtband (S. 14/15 im Band 3) und der Info-Text auf S. 157 im Gesamtband (S. 15 im Band 3) helfen dir dabei.

1 iustus, -a, -um
gerecht

	Stimmt	Stimmt nicht
1. Nero imperator iustissimus[1] erat.		
2. Nero domum magnificam aedificandam curavit.		
3. Haec domus a Capitolio usque ad forum pertinebat.		
4. Haec domus „domus ampla" appellata est.		
5. Nero a Seneca philosopho educatus est.		
6. Nero decem liberos habuit.		
Wenn du mehr als eine Aussage nicht richtig angekreuzt hast, bearbeite die Übung 7 auf S. 24.		

▶ Lösungen CD

Mein Training

1. Buchstabensalat

Bringe die Buchstaben in die richtige Reihenfolge:

Buchstabensalat	Richtig	Bedeutungen
uluxira		(die) Verschwendung(ssucht)
aremmocmoer		erwähnen
xlumempe		das/ein Beispiel
aistbe		das/ein (wilde/s) Tier
sucep		(das) Vieh
negsu		das/ein Geschlecht; die/eine Gattung; die/eine Art

2. Vokabelrätsel

Setze die passenden Vokabeln in die Lücken ein:

aedificandam – luxuria – plebs – appellata – aedificandi – exempla

1. Suetonius, vitae scriptor[1] Romanus, de _____ Neronis scripsit.

2. Suetonius _____ luxuriae Neronis commemoravit.

3. Nam ille imperator modum _____ non tenuit.

4. Itaque domum magnificam _____ curavit.

5. Haec domus „aurea[2]"_____ est.

6. At _____ inopia laborabat.

1 scriptor, scriptoris m. der/ein Schriftsteller

2 aureus, -a, -um golden

3. *nd* ist nicht gleich *nd*

Ordne folgende Formen in die entsprechenden Spalten ein:

deinde – respondi – defendi – tandem – necandis – vivendi – undis – aliquando – aedificandas – vindico – appellanda – industria

Verb	Substantiv	Adverb	Gerundivum

4. Richtig erkannt?

Bestimme folgende Formen und nenne die Grundform. Achte auf eine doppeldeutige Form.

	Bestimmung	Grundform
nullius		
neutrum		
utrique		
neminem		
nulli		
nemini		

5. Entscheidung gefragt

Kreuze die richtigen Übersetzungen an. Achtung, es gibt jeweils mehrere richtige Übersetzungsmöglichkeiten.

1. Multi imperatores Romani urbem ornandam esse putaverunt.

   a) Viele römische Kaiser glaubten an die Verschönerung der Stadt.

   b) Viele römische Kaiser glaubten, dass eine Verschönerung der Stadt nötig sei.

   c) Viele römische Kaiser glaubten, dass die Stadt verschönert werden müsse.

   d) Viele römische Kaiser glaubten, dass die Stadt verschönert werden dürfe.

2. Civibus Romanis ab imperatore providendum est.

   a) Die römischen Bürger müssen für den Kaiser sorgen.

   b) Der Kaiser muss für die römischen Bürger sorgen.

   c) Vom Kaiser muss für die römischen Bürger gesorgt werden.

   d) Für die Bürger wird vom römischen Kaiser gesorgt.

3. Cives Romani imperatori necandi non sunt.

   a) Die römischen Bürger müssen den Kaiser töten.

   b) Die römischen Bürger dürfen vom Kaiser nicht getötet werden.

   c) Die römischen Bürger dürfen den Kaiser nicht töten.

   d) Der Kaiser darf die römischen Bürger nicht töten.

4. Multi milites Romani mortem contemnendam esse dixerunt.

   a) Viele römische Soldaten haben gesagt, dass der Tod verachtenswert ist.

   b) Viele römische Soldaten haben gesagt, dass der Tod verachtet werden muss.

   c) Viele römische Soldaten haben gesagt, dass der Tod verachtet werden darf.

   d) Viele römische Soldaten haben gesagt, dass der Tod verachtet wird.

5. Multa facta Neronis laudanda non sunt.

   a) Viele Taten Neros sind zu loben.

   b) Viele Taten Neros sind lobenswert.

   c) Viele Taten Neros dürfen nicht gelobt werden.

   d) Viele Taten Neros sind nicht lobenswert.

6. Magna virtute militibus pugnandum erat.

   a) Mit großer Tüchtigkeit kämpften die Soldaten.

   b) Mit großer Tüchtigkeit war von den Soldaten zu kämpfen.

   c) Die Soldaten mussten mit großer Tüchtigkeit kämpfen.

   d) Die Soldaten müssen mit großer Tüchtigkeit kämpfen.

6. Dativ des Urhebers

Kreuze jeweils die richtigen Übersetzungen an und unterstreiche im lateinischen Satz den Dativ des Urhebers, falls er vorhanden ist:

1. Civibus consiliis imperatoris parendum est.

   a) Der Kaiser muss den Beschlüssen der Bürger gehorchen.

   b) Die Bürger müssen den Beschlüssen des Kaisers gehorchen.

   c) Von den Bürgern muss den Beschlüssen des Kaisers gehorcht werden.

2. Legibus ab omnibus hominibus parendum erat.

   a) Den Gesetzen musste von allen Menschen gehorcht werden.

   b) Alle Menschen mussten den Gesetzen gehorchen.

   c) Die Gesetze waren von allen Menschen bereitzustellen.

3. Corpora nobis exercenda[1] sunt.

   a) Wir müssen unsere Körper trainieren.

   b) Wir dürfen unsere Körper trainieren.

   c) Unsere Körper müssen von uns trainiert werden.

   1 exercere, exerceo
   üben, trainieren

4. Multae res discipulis a magistro demonstrandae sunt.

   a) Viele Dinge müssen den Schülern vom Lehrer gezeigt werden.

   b) Viele Dinge müssen dem Lehrer von den Schülern gezeigt werden.

   c) Der Lehrer muss den Schülern viele Dinge zeigen.

5. Maximi labores militibus Romanis subeundi erant.

   a) Größte Mühen müssen für die römischen Soldaten unternommen werden.

   b) Größte Mühen mussten von den römischen Soldaten unternommen werden.

   c) Die römischen Soldaten mussten größte Mühen unternehmen.

6. Liberis celeriter domum redeundum est.

   a) Die Kinder müssen schnell nach Hause zurückkehren.

   b) Die Kinder dürfen schnell nach Hause zurückkehren.

   c) Von den Kindern muss das Haus schnell wiederhergestellt werden.

7. Auf den Kaiser kommt es an!

Überlege, welche Aussage wahr, welche falsch ist:

	Wahr	Falsch
1. Nero urbem novam aedificandam esse putavit.		
2. Nero domum auream[1] aedificandam esse putavit.		
3. Augustus urbem templis novis ornandam esse putavit.		
4. Nero modum consumendi esse putavit.		
5. Augustus deos colendos curavit.		
6. Augustus cognovit rem publicam restituendam esse.		
7. Augustus multa bella gessit provinciarum pacandarum causa.		

1 aureus, -a, -um
golden

▶ Lösungen CD

Mein Test

Nun solltest du erkennen können, ob du auf dem Stand des Wissens bist.

1. Überprüfe, ob du den Wortschatz von Lektion 27 beherrschst, und markiere jeweils die richtige deutsche Bedeutung:

donare	a) bestechen	b) schenken	c) bestürmen	d) Geschenk
difficilis	a) leicht	b) bestechen	c) schwierig	d) Schwierigkeit
pertinere	a) festhalten	b) durchführen	c) ertragen	d) sich erstrecken
nemo	a) Fisch	b) jeder	c) niemand	d) nichts
ac	a) aber	b) zu, bei, an	c) auf	d) und
maiestas	a) groß	b) Würde	c) tausend	d) am größten
fructus	a) Gewinn	b) Furcht	c) fürchten	d) Ernte
pecunia	a) Vieh	b) Geld	c) Fuß	d) reich
mille	a) hundert	b) tausend	c) zehn	d) zehntausend
pecus	a) Geld	b) Fuß	c) Vieh	d) arm
Wenn du mehr als eine Bedeutung falsch markiert hast, bearbeite die Übungen 1 und 2 auf S. 20/21.				

2. Zum Verwechseln ähnlich: *-nt-* und *-nd-*

Ordne folgende Formen richtig in die Tabelle ein und nenne jeweils den Infinitiv Präsens Aktiv:

amanti – necandi – defendentis – putanti – appellandis – delendi – censentibus –
pertinendae – contemnentes – audiendo

PPA	Infinitiv	*-nd-*-Form	Infinitiv
Wenn du mehr als zwei Fehler gemacht hast, bearbeite die Übung 3 auf S. 21.			

3. Was passt hier?

Ordne die Indefinitpronomen nach den Regeln der KNG-Kongruenz entsprechenden
Substantiven zu und suche eine angemessene Übersetzung:

		Übersetzung
1. utraque	a) homo	
2. nullus	b) discipulo	
3. nullam	c) puella	
4. nulli	d) domum	
Wenn du mehr als zwei Formen falsch zugeordnet hast, bearbeite die Übung 4 auf S. 21.		

4. Verwandlung

Ordne die bedeutungsgleichen Sätze einander zu:

1. Urbem ornari necesse est.	a) Discipulis cum diligentia scribendum est.
2. Cives consiliis imperatoris parere oportet[1].	b) Urbs ornanda est.
3. Discipuli cum diligentia scribere debent.	c) Leges civibus semper observandae sunt.
4. Cives leges semper observare debent.	d) Civibus consiliis imperatoris parendum est.
Wenn du mehr als einmal die bedeutungsgleichen Sätze nicht richtig einander zugeordnet hast, bearbeite die Übungen 5 und 6 auf S. 22/23.	

1 oportet (mit AcI)
es gehört sich

5. Vergleiche

Kreuze die richtige Übersetzung an. Achtung, es können auch mehrere Übersetzungen richtig sein.

1. Nero Romam incendio delevit domus aureae aedificandae causa.
a) Nero hat Rom durch ein Feuer zerstört wegen des Baus der Domus Aurea.   ☐
b) Nero hat Rom durch ein Feuer zerstört durch den Bau der Domus Aurea.   ☐
c) Nero hat Rom durch ein Feuer zerstört, weil er die Domus Aurea bauen wollte.   ☐
2. Nero Romam incendio delevit ad domum auream aedificandam.
a) Nero hat Rom durch ein Feuer zerstört, um die Domus Aurea zu bauen.   ☐
b) Nero hat Rom durch ein Feuer zerstört zum Bau der Domus Aurea.   ☐
c) Nero hat Rom durch ein Feuer zerstört für die Domus Aurea.   ☐
3. Nero Romam incendio delevit, ut domum auream aedificaret.
a) Nero hat Rom durch ein Feuer zerstört, damit er die Domus Aurea baue.   ☐
b) Nero hat Rom durch ein Feuer zerstört, um die Domus Aurea zu bauen.   ☐
c) Nero hat Rom durch ein Feuer zerstört zum Bau der Domus Aurea.   ☐
Wenn du mehr als ein Kreuzchen falsch gesetzt hast, bearbeite die Übungen 5 und 6 auf S. 22/23.

6. Gutes Deutsch gefragt

Kreuze an, ob es sich bei der *-nd*-Form um ein Gerundium oder Gerundivum handelt, und entscheide dich für angemessene Übersetzungen:

	Gerundium	Gerundivum	Übersetzung	
1. cupidus belli gerendi			a) kriegslustig	☐
			b) begierig, Krieg zu führen	☐
			c) gierig nach Kriegsbeute	☐
2. cupiditas pugnandi			a) die Begierde nach Geld	☐
			b) die Begierde zu kämpfen	☐
			c) die Begierde nach Kampf	☐
3. ars recte scribendi			a) kunstvolles Schreiben	☐
			b) die Kunst, richtig zu schreiben	☐
			c) die Orthographie	☐
4. puer laudandus			a) das Lob des Jungen	☐
			b) ein lobenswerter Junge	☐
			c) ein zu lobender Junge	☐

5. modus vivendi			a) die Lebensart	
			b) die Kunst zu leben	
			c) die Art zu leben	
6. tempus fugiendi			a) der Zeitpunkt zur Flucht	
			b) die Zeit zu fliehen	
			c) schnelle Flucht	
7. provinciarum pacandarum causa			a) um die Provinzen zu befrieden	
			b) die Ursache für den Frieden in Provinzen	
			c) wegen der Befriedung der Provinzen	

Wenn du bei der Übersetzung und Zuordnung mehr als zwei Fehler hattest, bearbeite die Übungen 5 und 6 auf S. 22/23.

7. Perspektivenwechsel

Stelle dir vor, du wärest ein Archäologe und es wäre dir als Erstem gelungen, die Domus Aurea auszugraben. Beschreibe deine Eindrücke, die du aufgrund dieses Baus von Kaiser Nero hättest. Bringe dazu die angegebenen Sätze in die richtige Reihenfolge.

	Reihenfolge
a) Denique domum „auream[1]" relinquo.	
b) Primum clamo: „Numquam talem regiam domum vidi!"	
c) „In vestibulo[2] colossus[3] Neronis stabat et domus habuit lacum mari similem."	
d) Deinde de magnitudine huius aedificii mihi multa referenda sunt:	
e) Tum mecum cogito illum aedificium gloriam populi Romani augere.	
Wenn du dich mehr als einmal in der Reihenfolge der Sätze geirrt hast, bearbeite die Übung 7 auf S. 24.	

1 aureus, -a, -um golden

2 vestibulum, -i n. der/ein Vorplatz

3 colossus, -i m. die/eine riesige Statue

Mein Extra-Training

▶ Lösungen CD

26. Das Leben des Kaisers Tiberius (Regierungszeit 14–37 n. Chr.)

Augusto imperatori filii natales[1] non fuerunt. Itaque diu non constitit, quis ei imperator succedere[2] posset. Nonnulli dixerunt: „Fortasse Augustus utri nepotum[3] imperium tradet[4].“ (Iuliae enim, filiae Augusti e primo matrimonio procreatae[5], duo[6] fuerunt filii: Gaius et Lucius.) Alii Tiberium et Drusum, filios Liviae Drusillae, tertiae uxoris imperatoris, ad
5 civitatem regendam maxime aptos[7] putaverunt. Tiberius in muneribus administrandis[8] iam iuvenis se prudentem praestitit. Raetia[9] atque Pannonia[10] pacandis effecit[11], ut nonnulli Romani ei faverent. Augustus autem dubitabat[12] eum successorem[13] nominare. Auctoritatis gentis confirmandae[14] causa Iuliam filiam Tiberio uxorem dedit; quod neutri placuit. Itaque Tiberius ad Capreas[15], insulam parvam, fugit, ubi octo[16] annos vitam serenam[17] egit, procul a
10 negotiis urbis. Tum Romam rediit et paulo post ab Augusto adoptatus est[18]. Cum et Gaius et Lucius et Drusus non iam viverent, Tiberius post mortem Augusti tandem imperator factus est, sed imperium aliter[19] rexit quam[19] ille: Multis proeliis in Germania pugnatis Tiberius illam regionem[20] tam bene noverat[21], ut sciret vires Romanorum ad omnem Germaniam pacandam satis non esse. In inimicis expellendis et interficiendis crudeliter egit. Magna
15 autem facultas[22] divitiarum, quas ab Augusto acceperat, servandarum Tiberio fuit: Pauca sunt templa atque viae, quae eo auctore aedificatae sunt. Postea iterum ad Capreas[15] se recepit ad vitam otiosam[23] agendam. Cum de vita decessisset[24], pauci eius mortem aegre tulerunt putantes eum salutem publicam neglexisse.

a Unterstreiche im Text alle Gerundivum-Konstruktionen, d. h. die –nd-Form, das dazu KNG-kongruente Substantiv sowie – soweit vorhanden – das Wort, von dem das Gerundivum abhängt. (Dieses Wort kann ein Substantiv, ein Adjektiv, ein Verb, ein Adverb, eine Präposition oder das nachgestellte causa sein.)

b Überprüfe die folgenden Aussagen am Text und kreuze „Wahr“ oder „Falsch“ an. Es ist dafür nicht erforderlich, den Text vollständig zu übersetzen. Schau auf die Stellen, die du soeben hervorgehoben hast.

	W	F
1. Manche Römer trauten Tiberius die erfolgreiche Staatsführung durchaus zu.		
2. Tiberius war schon recht alt, als er begann, Ämter wahrzunehmen.		
3. Tiberius wollte seine Stiefschwester Iulia unbedingt heiraten. Dies kam für Augustus aber nie und nimmer in Frage.		
4. Aufgrund seiner militärischen Erfahrungen war Tiberius sein ganzes Leben lang der Meinung, man müsse Germanien auf jeden Fall erobern.		
5. Im Umgang mit Feinden war Tiberius außerordentlich nachsichtig.		
6. Tiberius hatte die Gabe, das ererbte Staats- und Privatvermögen gut zusammenzuhalten. Er war besonders sparsam.		
7. Er hätte sich an seinem Lebensende gern noch einmal auf die Insel Capri zurückgezogen, blieb aber aus Pflichtbewusstsein in Rom.		

c Lies noch einmal die Zeilen 1 bis 5. Zeichne mithilfe der dortigen Angaben einen Stammbaum, der die Verwandtschaftsverhältnisse in der Kaiserfamilie wiedergibt.

Vokabeln (Randspalte):

1 natalis, natalis, natale, Gen.: natalis leiblich (d. h. nicht adoptiert)
2 succedere, succedo, successi nachfolgen
3 nepos, nepotis m. der/ein Enkel
4 tradere, trado, tradidi, traditum übergeben
5 e matrimonio procreatus, -a aus der/einer Ehe hervorgegangen
6 duo, duae, duo zwei
7 aptus, -a, -um (ad) hier: fähig zu
8 munus administrare ein Amt ausüben (munus, muneris n. das/ein Amt)
9 Raetia, -ae f. Rätien (spätere röm. Provinz etwa auf dem Gebiet des heutigen Österreich)
10 Pannonia, -ae f. Pannonien (spätere röm. Provinz auf dem Balkan)
11 efficere, efficio, effeci, effectum bewirken
12 dubitare hier: zögern
13 successor, successoris m. der/ein Nachfolger
14 confirmare stärken, bekräftigen, versichern
15 Capreae, -arum f. Capri (kleine Insel bei Neapel)
16 octo acht
17 serenus, -a, -um heiter, fröhlich; ruhig
18 adoptare adoptieren
19 aliter (Adv.) quam anders als
20 regio, regionis f. die/eine Region, die/eine Gegend
21 novisse, novi kennen, wissen
22 facultas, facultatis f. die/eine Fähigkeit
23 otiosus, -a, -um ruhig
24 de vita decedere, decedo, decessi aus dem Leben scheiden, sterben

27. Unterstreiche die passende *-nd-*Form und entscheide dich für die richtige Übersetzung:

1. Nero cupiditate divitias habendos/habendi/habendum/habendis adductus multa scelera commisit.

   a) Nero wollte viele Reichtümer besitzen und hat deshalb viele Verbrechen begangen.

   b) Nero trug begierig Reichtümer herbei und beging viele Verbrechen.

   c) Nero hat aufgrund seiner Begierde, Reichtümer zu besitzen, viele Verbrechen begangen.

2. Nerone interficienda/interficiendum/interficiendo/interficiendas patria liberata est.

   a) Nachdem Nero ermordet worden war, ist die Heimat befreit worden.

   b) Durch die Ermordung Neros ist die Heimat befreit worden.

   c) Nero musste ermordet werden, um die Heimat zu befreien.

3. Tempus est ex urbe fugiendi/fugiendo/fugiendum/fugiendorum.

   a) Zurzeit kommen Flüchtlinge aus der Stadt.

   b) Es ist Zeit, aus der Stadt zu fliehen.

   c) Die Flucht aus der Stadt ist zeitnah.

4. Patria militibus defendendis/defendendum/defendenda/defendendi est.

   a) Die Heimat dient zur Verteidigung der Soldaten.

   b) Die Heimat muss von den Soldaten verteidigt werden.

   c) Die Soldaten der Heimat müssen sich verteidigen.

5. Saepe plebi fames et inopia tolerandae/tolerandus/tolerandam/toleranda[1] erant.

   a) Oft musste das Volk Hunger und Not ertragen.

   b) Oft ertrug das Volk Hunger und Not.

   c) Oft war das Volk zum Ertragen von Hunger und Not erzogen worden.

6. Deos colendi/colendas/colendos/colenda esse Romani putaverunt.

   a) Die Götter glaubten, dass die Römer verehrt werden müssen.

   b) Die Römer glaubten, dass die Götter verehrt werden müssen.

   c) Um die Götter zu verehren, glaubten die Römer.

1 tolerare ertragen, aushalten

▶ Lösungen CD

Was ich schon kann

Wenn du die folgenden Aufgaben löst, erkennst du genau, was du schon kannst und was du noch üben musst. Arbeite dann die angegebenen Übungen durch. Der Test am Ende der Lektion auf S. 35 – 37 verrät dir, ob du beim Üben schon erfolgreich warst. Wenn du schon alles kannst, kannst du auch gleich zum Test gehen. Und wenn du auch den Test ohne alle Probleme gelöst hast, kannst du noch das Extra-Training auf S. 45 bearbeiten.

1. Ordne dem lateinischen Wort jeweils seine deutsche Bedeutung zu:

A) mirari	1) fallen; (aus)gleiten	Wenn du von den Bedeutungen der zehn neuen Vokabeln mehr als zwei nicht genau zuordnen konntest, bearbeite die Übungen 1 und 2 auf S. 32.
B) vetus	2) das/ein Buch	
C) convertere	3) abreisen, aufbrechen; ausgehen von	
D) fieri	4) göttlich, weissagend	
E) fides	5) scheuen, fürchten; verehren	
F) labi	6) staunen, bewundern, sich wundern	
G) liber	7) (sich) umdrehen, (sich) wenden	
H) proficisci	8) (die) Treue; (das) Vertrauen; die/eine Zusicherung	
I) divinus	9) bekannt	
J) vereri	10) alt	
	11) gemacht werden, werden; geschehen	
	12) versuchen, wagen	

2. Markiere jeweils die Form und ihre Bestimmung in der gleichen Farbe.
Achte auf mehrdeutige Formen.

miror	3. Person Plural Konjunktiv Perfekt
conantes	3. Person Singular Indikativ Plusquamperfekt
transgredere	1. Person Singular Indikativ Präsens
labebantur	2. Person Plural Indikativ Präsens
profecti sint	3. Person Plural Indikativ Imperfekt
suspicando	Partizip Präsens; Nominativ/Akkusativ Plural m. und f.
mortuus erat	Gerundium; Dativ und Ablativ
aggredimini	Imperativ Singular
	Imperativ Plural (!)

Wenn du mehr als zwei Formen nicht richtig markieren konntest, bearbeite die Übung 3 auf S. 32.

3. Alles Perfekt

Ordne der jeweiligen Deponensform im Perfekt die Perfektform eines „aktivischen" Verbs zu und nenne zu beiden den jeweiligen Infinitiv Präsens:

1 temptare versuchen

timui – temptavi[1] – oppressi – cecidi – transii[2]

2 transire, transeo, transii überschreiten

Deponens	Aktivisches Verb	Infinitiv Präsens des Deponens	Infinitiv Präsens des aktivischen Verbs
aggressus sum			
conatus sum			

lapsus sum			
transgressus sum			
veritus sum			
Wenn du mehr als zwei Fehler gemacht hast, bearbeite die Übung 4 auf S. 33.			

4. AcI oder NcI?

Kreuze an, ob bei den folgenden Sätzen jeweils ein AcI oder ein NcI vorliegt:

	AcI	NcI
1. Constantinus hoc fecisse dicitur.		
2. Milites Maxentii sine imperatore pontem Milvium transgressi esse feruntur.		
3. Lactantius[1] Maxentio oraculum datum esse tradit[2].		
4. Illud oraculum nemini notum[3] esse videbatur.		
5. In libris Sibyllinis repertum est illo die hostem Romanorum perire.		
6. Dei auxiliati esse[4] creduntur.		
Wenn du mehr als zwei Fehler gemacht hast, bearbeite die Übungen 5 und 6 auf S. 33/34.		

1 Lactantius, -i
Laktanz (römischer und christlicher Schriftsteller; Zeitgenosse des Kaisers Konstantin)

2 tradere, trado, tradidi, traditum
überliefern, berichten

3 notus, -a, -um
bekannt

4 auxiliari
helfen

5. Konstantin oder Maxentius?

Kreuze an, auf wen sich die Vorkommnisse im jeweiligen Satz beziehen:

	Constantinus	Maxentius
1. Cum omnibus copiis ad pontem Milvium consederat.		
2. Prima pugna vicerat.		
3. Divino auxilio confisus est.		
4. In somno monitus erat.		
5. Signum crucis[1] in scutis[2] notavit[3].		
6. Olim[4] oraculum ei datum erat.		
7. Senatores ad libros Sibyllinos adire iubet.		
8. In fugam vertit.		
9. In Tiberim labitur.		
Wenn du mehr als einmal falsch angekreuzt hast, bearbeite die Übungen 6 und 7 auf S. 34.		

1 crux, crucis f.
das/ein Kreuz

2 scutum, -i n.
der/ein Schild

3 notare
schreiben, einzeichnen

4 olim
einst

▶ Lösungen CD **Mein Training**

1. Vervollständige die deutschen Bedeutungen:

aggredi	a☐gr☐ifen
vereri	f☐r☐ht☐n
labi	☐a☐len
mirari	be☐u☐d☐rn
videri	☐c☐e☐nen
proficisci	☐uf☐re☐he☐

2. Suche zum deutschen Wort die lateinischen Bedeutungen.

Die Buchstaben hinter den deutschen Bedeutungen ergeben – in der Reihenfolge der Zahlen der lateinischen Bedeutungen angeordnet – den Namen eines Mannes der Spätantike.

die/eine Gelegenheit (N)	1. clades, cladis f.
himmlisch, göttlich (N)	2. proficisci, proficiscor, profectus sum
abreisen, aufbrechen; ausgehen von (O)	3. occasio, occasionis f.
die/eine Niederlage; der/ein Verlust; das/ein Unglück (C)	4. responsum, -i n.
der/ein Schlaf (A)	5. extra (mit Akk.)
außerhalb (von) (T)	6. somnus, -i m.
scheinen (U)	7. caelestis, caelestis, caeleste, *Gen.:* caelestis
die/eine Flucht; die/eine Verbannung (S)	8. suspicari, suspicor, suspicatus sum
argwöhnen, vermuten (T)	9. vetus, vetus, vetus, *Gen.:* veteris
die/eine Antwort, der/ein Bescheid (S)	10. mori, morior, mortuus sum
alt (I)	11. videri, videor, visus sum
sterben (N)	12. fuga, -ae f.

Lösungswort: ___ ___ ___ ___ ___ ___ ___ ___ ___ ___ ___ ___
 1   2   3   4   5   6   7   8   9 10 11 12

3. Deponens oder nicht?

Markiere die Formen von Deponentien:

contenti sumus – profecti sumus – armati sumus – confirmati sunt – transgredere – concurri – miramini – convertimini – pressi sunt – suspicari – fieres – conati sunt

4. Unterstreiche jeweils die richtige Übersetzung:

Lateinische Form	Übersetzung
aggrediebatur	er wurde angegriffen
	er griff an
	er wird angegriffen werden
gavisa est	sie hat sich gefreut
	sie ist erfreut worden
	man hat sich über sie gefreut
suspicatur	er vermutet
	er wird vermutet
	es wird vermutet
mirabitur	sie wird bewundert werden
	er wird bewundern
	sie wird bewundert
confisus erat	ihm war vertraut worden
	er hatte vertraut
	er hatte Vertrauen
armatur	er wird ausgerüstet
	er rüstet aus
	er kämpft mit Waffen
transgredere	hinübergehen
	gehe hinüber
	überschreiten
continebuntur	sie werden zusammenhalten
	sie werden zusammengehalten werden
	sie werden zusammengehalten
conati sunt	sie haben versucht
	sie wurden versucht
	... sind versucht worden
fiebat	es geschah
	es wird geschehen
	er machte

5. NcI oder AcI?

Setze in die Lücken die passenden Endungen ein:

1. Constantin_____ (-us/-um) auxilio dei vicisse dicitur.

2. Lactantius[1] Constantin_____ (-us/-um) signum crucis[2] in scutis[3] notavisse[4] fert.

3. Constantin_____ (-us/-um) confirmato animo occasionem proeliandi[5] exspectavisse putatur.

4. Inter Maxentium et Constantinum bell_____ (-us/-um) permot_____ (-us/-um) esse scimus.

1 Lactantius, -i
Laktanz (römischer und christlicher Schriftsteller; Zeitgenosse des Kaisers Konstantin)

2 crux, crucis f.
das/ein Kreuz

3 scutum, -i n.
der/ein Schild

4 notare
schreiben, einzeichnen

5 proeliari
kämpfen

6. Welche Übersetzungen sind richtig?

Kreuze an. Bei manchen Sätzen sind mehrere Lösungen möglich.

1. Constantinus hoc fecisse dicitur.
a) Konstantin sagt, dass er das gemacht hat. ☐
b) Konstantin soll dies getan haben. ☐
c) Es wird gesagt, dass Konstantin dies gemacht hat. ☐
2. Milites Maxentii sine imperatore pontem Milvium transgressi esse feruntur.
a) Die Soldaten des Maxentius berichten, dass die Milvische Brücke ohne Feldherrn überschritten wurde. ☐
b) Die Soldaten des Maxentius haben, sagt man, die Milvische Brücke ohne Feldherren überschritten. ☐
c) Es wird berichtet, dass die Soldaten des Maxentius die Milvische Brücke ohne Feldherrn überschritten haben. ☐
3. Illud oraculum nemini notum[1] esse videbatur.
a) Jenes Orakel wurde von niemandem als bekannt angesehen. ☐
b) Jenes Orakel scheint niemandem bekannt zu sein. ☐
c) Es hatte den Anschein, dass jenes Orakel niemandem bekannt war. ☐
4. Constantinus confirmato animo occasionem proeliandi[2] exspectavisse putatur.
a) Konstantin soll hoch motiviert die Chance auf einen Kampfeinsatz abgewartet haben. ☐
b) Konstantin glaubt, dass man hoch motiviert die Chance auf einen Kampfeinsatz abwarten könne. ☐
c) Konstantin soll geglaubt haben, dass man hoch motiviert die Chance auf einen Kampfeinsatz abwarten könne. ☐

1 notus, -a, -um
bekannt

2 proeliari
kämpfen

7. Deponentien können fast alles – auch Partizipien bilden.

a Markiere in den folgenden Sätzen die Partizipien und die Nomen, auf die sie sich beziehen.
b Drücken die Partizipien Gleichzeitigkeit oder Vorzeitigkeit aus? Kreuze an.

	Vorzeitig-keit	Gleich-zeitigkeit
1. Exercitus Constantini pugnam non verens ante portas urbis consederat.		
2. Maxentius in Tiberim[1] lapsus mortuus est.		
3. Cives prudentiam[2] Constantini mirantes eum imperatorem fecerunt.		
4. Qua re facta Constantinus cultum Christianum auxit.		
5. Milites sine imperatore pontem Milvium transgredientes occasionem proelii exspectabant.		
6. Constantinus deo confisus vicit.		

1 Tiberis, Tiberis m.,
Akk.: Tiberim
der Tiber
(Fluss durch Rom)

2 prudentia, -ae f.
die/eine Klugheit

Mein Test

▶ Lösungen CD

Nun solltest du erkennen können, ob du auf dem Stand des Wissens bist.

1. **Gib alle Bedeutungen der folgenden neuen Vokabeln an:**

aggredi		Wenn du mehr als zwei Bedeutungen nicht genau angeben konntest, bearbeite die Übungen 1 und 2 auf S. 32.
exire		
seditio		
convertere		
labi		
fieri		
suspicari		
mirari		
vereri		
clades		

2. **Bei dieser Aufgabe sind die Formen von Deponentien vorgegeben.**

Unterstreiche die jeweils richtigen deutschen Übersetzungen:

Form eines Deponens	Übersetzung
suspicabatur	sie vermutet es wurde vermutet sie vermutete
videtur	es wird gesehen es scheint es hat den Anschein
confisus est	er hat vertraut ihm ist vertraut worden er hat gehofft
transgrediuntur	... werden überquert sie werden überqueren sie überqueren
conabuntur	... werden versucht werden sie werden versuchen sie werden versucht haben
labuntur	sie werden fallen sie fallen sie fielen

Wenn du mehr als zwei Übersetzungen nicht richtig unterstreichen konntest, bearbeite die Übungen 3 und 4 auf S. 32/33.

☺ 3. In folgenden Sätzen kommen Deponentien in Partizipialkonstruktionen vor.

a Markiere jeweils das Partizip des Deponens und sein Beziehungswort.
b Kreuze die jeweils richtige deutsche Übersetzung an.

1 punire
bestrafen

1. Milites verentes, ne puniantur¹, fugere non conantur.

   a) Da die Soldaten versuchen zu fliehen, befürchten sie, dass sie bestraft werden.

   b) Weil die Soldaten befürchten, dass sie bestraft werden, versuchen sie nicht zu fliehen.

2. Omnes auxilio divino confisi tam vehementer pugnaverunt, ut vincerent.

   a) Alle kämpften im Vertrauen auf göttliche Hilfe so tapfer, dass sie siegten.

   b) Alle kämpften, nachdem sie auf göttliche Hilfe vertraut hatten, so tapfer, dass sie siegten.

3. Milites Constantini iratissimi erant, cum hostes pontem transgressi proelium inciperent.

   a) Konstantins Soldaten waren sehr zornig, weil die Feinde den Kampf eröffneten, indem die Brücke überquert wurde.

   b) Konstantins Soldaten waren sehr zornig, weil die Feinde, nachdem sie die Brücke überquert hatten, den Kampf eröffneten.

2 Tiberis, Tiberis m.,
Akk.: Tiberim
der Tiber
(Fluss durch Rom)

4. Maxentio in Tiberim² lapso bellum finitum est.

   a) Nachdem Maxentius in den Tiber gefallen war, ist der Krieg beendet worden.

   b) Maxentius, der in den Tiber gefallen war, beendete den Krieg.

Wenn du mehr als zwei Fehler gemacht hast, bearbeite die Übungen 3 und 4 auf S. 32/33.

☺ 4. Notiere jeweils die zweite Möglichkeit der Übersetzung:

1. Constantinus auxilio dei vicisse dicitur.
   Man sagt, dass Konstantin mit Gottes Hilfe gesiegt habe.

   Alternative: Konstantin soll mit Gottes Hilfe _____.

1 crux, crucis f.
das/ein Kreuz

2 scutum, -i n.
der/ein Schild

3 notare
schreiben, einzeichnen

4 proeliari
kämpfen

2. Constantinus signum crucis¹ in scutis² notavisse³ traditur.
   Es wird berichtet, dass Konstantin das Zeichen des Kreuzes auf die Schilde gemalt habe.

   Alternative: Konstantin _____.

3. Constantinus confirmato animo occasionem proeliandi⁴ exspectavisse putatur.
   Von Konstantin wird geglaubt, dass er hoch motiviert die Chance auf einen Kampfeinsatz abgewartet habe.

   Alternative:_____.

4. Maxentii milites sine imperatore pontem Milvium transgressi esse feruntur.
   Es wird berichtet, dass die Soldaten des Maxentius die Milvische Brücke ohne Feldherrn überschritten haben.

   Alternative:_____.

Wenn du mehr als einmal nicht die richtige Alternativübersetzung notiert hast, bearbeite die Übungen 5 und 6 auf S. 33/34.

5. Soldaten oder Bürger?

Kreuze an, auf welche Personen sich die Vorkommnisse bzw. Äußerungen im jeweiligen Satz beziehen:

	Milites	Cives
1. Quo signo armati occasionem proeliandi[1] exspectabant.		
2. Utraque acies concurrit, nemo proelium veretur.		
3. In urbe seditio fit.		
4. Illud oraculum nemini notum[2] esse videtur.		
5. „Constantinus vinci non potest."		
6. Virtutem et prudentiam[3] Constantini mirati sunt.		
Wenn du mehr als einmal falsch angekreuzt hast, bearbeite die Übungen 6 und 7 auf S. 34.		

1 proeliari
kämpfen

2 notus, -a, -um
bekannt

3 prudentia, -ae f.
die/eine Klugheit

▶ Lösungen CD

Was ich schon kann

Wenn du die folgenden Aufgaben löst, erkennst du genau, was du schon kannst und was du noch üben musst. Arbeite dann die angegebenen Übungen durch. Der Test am Ende der Lektion auf S. 42 – 44 verrät dir, ob du beim Üben schon erfolgreich warst. Wenn du schon alles kannst, kannst du auch gleich zum Test gehen. Und wenn du auch den Test ohne alle Probleme gelöst hast, kannst du noch das Extra-Training auf S. 45 bearbeiten.

1. Ordne dem lateinischen Wort jeweils seine deutsche Bedeutung zu:

A) vel B) gratias agere C) dignitas D) temptare E) diligentia F) perdere G) vel … vel H) polliceri I) utilitas J) affirmare	1) jmdm. danken 2) versichern; bestätigen 3) zugrunde richten; verschwenden; verlieren 4) oder 5) (die) Tauglichkeit; der/ein Nutzen 6) versuchen 7) (Geld) aufwenden, ausgeben 8) versprechen 9) (die) Sorgfalt 10) entweder … oder 11) (die) Würde 12) der/ein Stand, der/ein Zustand; die/eine Lage	Wenn du von den Bedeutungen der zehn neuen Vokabeln mehr als zwei nicht genau zuordnen konntest, bearbeite die Übung 1 auf S. 40.

2. Markiere in jeder Zeile die Form, die sich nach Tempus und/oder Modus von den beiden anderen unterscheidet, und bestimme sie:

Form von *velle*	Form von *nolle*	Form von *malle*	Bestimmung
voluissem	noluistis	maluissemus	
voluerant	nolebat	malebas	
vis	nolent	mavultis	
vellemus	nollem	malint	
volet	nolueramus	males	
vultis	noluisti	maluit	

Wenn du insgesamt mehr als eine „einmalige" Form nicht erkannt hast, bearbeite die Übung 2 auf S. 41.

3. KNG-Duett

Markiere die in KNG zusammenpassenden Pronomen und Nomen jeweils mit der gleichen Farbe:

1. quadam	a) fluminum
2. aliquem	b) clades
3. quorundam	c) signum
4. aliquod	d) ludis

5. aliqua   e) fruge

6. quibusdam   f) oratorem

Wenn du insgesamt mehr als eine Verbindung nicht gefunden hast, bearbeite die Übung 3 auf S. 41.

4. Ordnung muss sein!

Bringe die Übersetzungen wieder in die richtige Reihenfolge. Achte dabei besonders auf das Zeitverhältnis:

1. Architectus se hoc aedificium perfecturum esse narrat.	Der Architekt, der das Gebäude baut, berichtet davon.	
2. Architectus aedificium perfecturus de eo narrat.	Der Architekt berichtet, dass er dieses Gebäude bauen wird.	
3. Architectus se hoc aedificium perfecisse narrat.	Der Architekt berichtet, dass er dieses Gebäude baut.	
4. Architectus aedificium perficiens de eo narrat.	Der Architekt, der dieses Gebäude bauen wird, berichtet davon.	
5. Aedificium ab hoc architecto perfectum esse narratur.	Man berichtet, dass das Gebäude von diesem Architekten gebaut wurde.	
6. Architectus se hoc aedificium perficere narrat.	Der Architekt berichtet, dass er dieses Gebäude gebaut hat.	

Wenn du insgesamt mehr als eine Übersetzung nicht richtig zuordnen konntest, bearbeite die Übung 4 auf S. 41/42.

5. Bauanleitung

Die Anleitung für den Bau des Aquädukts ist durcheinandergeraten. Bringe die Anweisungen wieder in die richtige Reihenfolge:

Anweisung	Reihenfolge
a) Primum magnam pecuniam solvere opus est.	1.
b) Paucissimi arcus prioris aquaeductus adhuc manent,	
c) aliqua pars viliore[1] testaceo opere agenda erit[2].	
d) Deinde necesse est vel aquilegem[3] vel architectum mitti.	
e) quidam arcus lapide quadrato[4] ex superiore opere detracto[5] erigi possunt,	
f) Denique et utilitas operis et pulchritudo[6] saeculo tuo dignissima est.	

Wenn du insgesamt mehr als eine Anweisung falsch angeordnet hast, bearbeite die Übung 5 auf S. 42.

1 vilis, vilis, vile, *Gen.:* vilis
billig

2 opere testaceo agere
aus Ziegelstein bauen

3 aquilex, aquilegis m.
der/ein Wasserbauingenieur

4 lapide quadrato
aus Quaderstein

5 detrahere, detraho, detraxi, detractum
abtransportieren

6 pulchritudo, pulchritudinis f.
die/eine Schönheit

▶ Lösungen CD   **Mein Training**

1. a Wortfeld

Zwei Wortfelder sind durcheinandergeraten. Ordne jedes Wort seinem zugehörigen Wortfeld zu, indem du seine Bedeutungen in die entsprechende Spalte schreibst:

Bauwesen		Natur und Landschaft
	erigere	
	arcus	
	florere	
	architectus	
	frumentum	
	perficere	
	fons	
	ager	

1. b Vokabel-Memory

Ordne den Bildern die entsprechende lateinische Vokabel zu und ergänze die deutsche Bedeutung:

accedere – planus – fons – perficere – perturbare – arcus – prior – lapis

2. Verbinde die Form mit ihrer passenden Bestimmung:

maluerant	1. Pers. Sg. Ind. Fut. Akt.
nolam	2. Pers. Pl. Konj. Perf. Akt.
voluisti	1. Pers. Sg. Konj. Präs. Akt.
nolueritis	3. Pers. Pl. Ind. Plqperf. Akt.
malemus	2. Pers. Sg. Ind. Perf. Akt.
velim	2. Pers. Pl. Ind. Präs. Akt.
nollet	1. Pers. Pl. Ind. Fut. Akt.
vultis	3. Pers. Sg. Konj. Imperf. Akt.

3. Pronomen gesucht

Finde jeweils das in KNG übereinstimmende Pronomen und streiche das andere durch:

quidam	1. architectus	aliquam
aliquarum	2. vultum	quendam
quibusdam	3. litoris	alicuius
aliquarum	4. urbium	quadam
quodam	5. victore	aliquod
aliquos	6. aquaeductus	quorundam

4. a PPP, PPA oder PFA?

Ordne zu:

impendens – territos – facturis – adiutam – commotorum – tollentibus – occupantia – futurum – cadentium – subituram – tractus – delaturo

PPP	PPA	PFA

4. b Vorzeitigkeit (VZ), Gleichzeitigkeit (GZ) oder Nachzeitigkeit (NZ)?

Unterstreiche Infinitiv/Partizip und Prädikat und entscheide, um welches Zeitverhältnis zwischen Prädikat und Infinitiv bzw. Partizip es sich jeweils handelt:

	VZ	GZ	NZ
1. Ille se hoc opus diligentia confectum esse affirmabat.			
2. Plinius aquaeductum aedificare volens litteras ad imperatorem scripsit.			

3. Speramus aedificium utile fore.		
4. Te aquaeductum aedificare dixisti.		
5. Vir opus perfecturus venit.		
6. Aedificia ab architecto erecta cives delectant.		

5. Kreuze jeweils an, ob die Aussage Wahrheit (W) oder Lüge (L) ist:

Aussage	W	L
1. Nicomedenses magnam pecuniam in aquaeductum impenderunt.		
2. Haec pars testaceo opere acta[1] et facilior et vilior[2] est.		
3. Plinius non affirmat aquaeductum imperatore dignissimum esse.		
4. Pansa architectus totius[3] provinciae optimus esse vult.		
5. Pansa villas quam aquaeductus aedificare mavult.		

1 opere testaceo agere
aus Ziegelstein bauen

2 vilis, vilis, vile,
Gen.: vilis
billig

3 totus, -a, -um,
Gen.: totius
ganz

▶ Lösungen CD

Mein Test

Nun solltest du erkennen können, ob du auf dem Stand des Wissens bist.

1. Gib alle Bedeutungen der folgenden neuen Vokabeln an:

perdere		Wenn du mehr als zwei Bedeutungen nicht genau angeben konntest, bearbeite die Übung 1 auf S. 40.
omittere		
perducere		
dignus		
initium		
convenire		
planus		
malle		
perturbare		
tantus		

2. *la – le – li – lo – lu*

Setze pro Zeile jede Silbe nur einmal ein:

1. vel_____	vo_____erat	vo_____m	vo_____	ve_____m
2. no_____	no_____mus	no_____te	no_____erunt	no_____m
3. ma_____m	ma_____s	ma_____	ma_____ns	ma_____isse

Wenn du mehr als drei Silben falsch eingesetzt hast, bearbeite die Übung 2 auf S. 41.

3. Lückentext

Wähle für jede Lücke das passende Pronomen aus dem Wortspeicher und setze es ein. Ordne anschließend jeden Satz der passenden Übersetzung zu:

aliqua – aliqui – aliquis – aliquo – aliquo – quidam – quiddam – quodam

1. De _____ narravit.	Er hat von irgendeiner Sache erzählt.	
2. _____ amicus narravit.	Ein Freund hat erzählt.	
3. _____ amicus narravit.	Er hat von irgendeinem Freund erzählt.	
4. _____ narratum est.	Irgendein Freund hat erzählt.	
5. De _____ amico narravit.	Er hat von einem Freund erzählt.	
6. De _____ re narravit.	Jemand hat erzählt.	
7. _____ narravit.	Er hat von jemandem erzählt.	
8. De _____ amico narravit.	Etwas Bestimmtes ist erzählt worden.	

Wenn du insgesamt mehr als drei Pronomen falsch eingesetzt bzw. übersetzt hast, bearbeite die Übung 3 auf S. 41.

4. Welche Übersetzung passt?

Kreuze an:

1. Hic se opus diligentia confectum esse affirmabat.	
a) Dieser versicherte, dass er das Bauwerk mit Sorgfalt anfertigen wird.	
b) Dieser versicherte, dass er das Bauwerk mit Sorgfalt angefertigt hatte.	
c) Dieser versicherte, dass er das Bauwerk mit Sorgfalt anfertigt.	
2. Plinius aquaeductum aedificare volens litteras ad imperatorem scripsit.	
a) Plinius, der eine Wasserleitung hatte bauen wollen, schrieb einen Brief an den Kaiser.	
b) Plinius, der eine Wasserleitung bauen wird, schrieb einen Brief an den Kaiser.	
c) Plinius, der eine Wasserleitung bauen wollte, schrieb einen Brief an den Kaiser.	
3. Speramus aedificium utile fore.	
a) Wir hoffen, dass das Gebäude nützlich sein wird.	
b) Wir hoffen, dass das Gebäude nützlich gewesen ist.	
c) Wir hoffen, dass das Gebäude nützlich ist.	
4. Te aquaeductum aedificare dixisti.	
a) Du hast gesagt, dass du eine Wasserleitung gebaut hattest.	
b) Du hast gesagt, dass du eine Wasserleitung bauen willst.	
c) Du hast gesagt, dass du eine Wasserleitung baust.	

5. Vir opus perfecturus venit.

    a) Der Mann, der den Bau vollendet, kam.

    b) Der Mann, der den Bau vollenden wollte, kam.

    c) Der Mann, der den Bau vollendet hatte, kam.

6. Aedificia ab architecto erecta cives delectant.

    a) Die Gebäude, die vom Architekten errichtet worden sind, bereiten den Bürgern Freude.

    b) Die Gebäude, die vom Architekten errichtet werden, bereiten den Bürgern Freude.

    c) Die Gebäude, die vom Architekten errichtet werden wollen, bereiten den Bürgern Freude.

Wenn du insgesamt mehr als eine Übersetzung nicht richtig erkannt hast, bearbeite die Übung 4 auf S. 41/42.

 5. Briefrätsel

Pansas Brief ist auf dem Weg zu Plinius
an einigen Stellen beschädigt worden,
so dass manche Wörter nicht mehr eindeutig
lesbar sind.
Unterstreiche jeweils die richtige Form.

1. Ego rem mihi mandatam secundum

   diligentiam/utilitatem/dignitatem Traiani conficere volo.

2. Aliquis mihi nuntiavit te de opere saepe certiorem fieri velle/nolle/malle.

3. Iam litteras perturbaturus/scripturus/perditurus eram, cum subito vir ad me venit.

4. Ille se hoc opus maxima diligentia/utilitate/dignitate confecturum esse pollicitus est.

5. Spero aquaeductum maximum/pulcherrimum/minimum aedificium fore.

Wenn du insgesamt mehr als eine Lesart falsch unterstrichen hast, bearbeite die Übung 5 auf S. 42.

Mein Extra-Training

▶ Lösungen CD

28. Finde vier Formen, die mit dem Präsensstamm von *fieri* gebildet sind, und schreibe sie ins Kleeblatt:

fit
faciunt
factus est
facit
fiat
fieret
faciat
faceret
fiebat
factus erat

29. Historische und mythologische Gestalten – wie gut kennst du dich aus?

Überlege, auf welche Gestalt aus Geschichte und Mythologie eine der folgenden Beschreibungen zutrifft; ergänze ihren Namen und setze die jeweils passende Beschreibung in die entsprechende Lücke ein:

amari – condidisse – necaturos esse – raptam esse – subiturum esse – superaturum esse – utilem esse – velle

1. _____ putat se Romanos _____ .

2. _____ sperat se ab Aenea _____ .

3. _____ dicit se labores _____ .

4. _____ videt se a tauro _____ .

5. _____ narrat se in patriam navigare _____ .

6. _____ scribit aquaeductum _____ .

7. _____ traditur[1] Romam _____ .

8. _____ non scit senatores se _____ .

1 traditur (mit NcI)
es wird überliefert

▶ Lösungen CD

Was ich schon kann

> Wenn du die folgenden Aufgaben löst, erkennst du genau, was du schon kannst und was
> du noch üben musst. Arbeite dann die angegebenen Übungen durch. Der Test am Ende der
> Lektion auf S. 49 – 51 verrät dir, ob du beim Üben schon erfolgreich warst. Wenn du schon alles
> kannst, kannst du auch gleich zum Test gehen. Und wenn du auch den Test ohne alle Probleme
> gelöst hast, kannst du noch das Extra-Training auf S. 61 bearbeiten.

1. Ordne dem lateinischen Wort jeweils seine deutsche Bedeutung zu:

A) paupertas B) loqui C) quattuor D) igitur E) tranquillus F) gratias habere G) admonere H) memoria I) solus J) consequi	1) ruhig 2) ermahnen; erinnern 3) allein 4) sagen, reden, sprechen 5) folgen; erreichen 6) die/eine Erinnerung; das/ein Gedächtnis 7) danken 8) vier 9) hinüberführen 10) also 11) (die) Armut 12) aber	Wenn du von den Bedeutungen der zehn neuen Vokabeln mehr als zwei nicht genau zuordnen konntest, bearbeite die Übung 1 auf S. 47.

2. Unterstreiche alle Formen, die Futur II sein können:

> invenerit – vidit – fecerimus – quaerimus – fuerim – passae erunt – perdiderunt –
> scripserint – missi erunt – aedificaveris – geris – tulero

> Wenn du mehr als zwei Formen falsch unterstrichen hast, bearbeite die Übung 2 auf S. 48.

3. Unterstreiche jeweils die passende Verbform:

1. Nisi quem invenis/inveneris/inveneras, certe peribis.
2. Si Antiochus rex mortuus fuerit/est/esset, is timendus non iam erit.
3. Apollonius libenter in patriam redibit, si piscatorem[1] beatum esse vidit/viderit/videt.
4. Apollonius: „Cum in patriam fugiam/fugio/fugero, familiam meam videre potero.“
5. Apollonius: „Quid faciam, si a rege inventus eram/inventus erim/inventus ero?“

1 piscator, piscatoris m.
der/ein Fischer

> Wenn du mehr als zwei Formen falsch unterstrichen hast, bearbeite die Übung 3 auf S. 48.

4. Erinnerst du dich?

Unterstreiche jeweils die zu den Verben passende Ergänzung:

1. Memini paupertatem tuam / paupertatis tuae / paupertati tuae.
2. Nostri/Nostrorum/Nos non obliviscar[1].
3. Mei/Meo/Meis miseremini[2]!
4. Num officia/officiis/officiorum servarum oblitae estis[1]?
5. Misereor[2] familia sua / familiae suae / familiam suam.

1 oblivisci, obliviscor, oblitus sum vergessen

2 misereri, misereor, miseritus sum sich erbarmen, Mitleid haben

> Wenn du mehr als zwei Formen falsch unterstrichen hast, bearbeite die Übung 4 auf S. 48.

5. Wie gut kennst du das Abenteuer des Apollonius?

Kreuze an, ob folgende Aussagen über das Abenteuer des Apollonius zutreffen oder nicht:

	Richtig	Falsch
1. Cum navis Apollonii deleretur, omnes perierunt.		
2. In Pentapoleos[1] litore nemo Apollonium adiuvit.		
3. Apollonius erat princeps Tyriorum[2].		
4. Piscator[3] miseritus est[4] Apollonii.		
5. Senex partem tribunarii[5] sui Apollonio dedit.		
6. Apollonius numquam ad piscatorem[3] rediit.		
Wenn du mehr als zwei Aussagen nicht zuordnen konntest, bearbeite die Übung 5 auf S. 49.		

1 Pentapolis, -eos (die Stadt) Pentapolis

2 Tyrius, -i m. der/ein Tyrier

3 piscator, piscatoris m. der/ein Fischer

4 misereri, misereor, miseritus sum sich erbarmen, Mitleid haben

5 tribunarium, -i n. der/ein Umhang, der/ein Mantel

Mein Training

▶ Lösungen CD

1. Silbensalat

Bei den lateinischen Wörtern sind die Silben nicht mehr in der richtigen Reihenfolge. Stelle die Ordnung wieder her und finde dann jeweils die passende Bedeutung:

Silben	Richtiges Wort/Bedeutung	
o – du		a) bemerken
li – a – mi – fa		b) nachfolgen; verfolgen
ca – ri – pre		c) gehen; losgehen
ver – an – tere – ad – im		d) hinüberführen
re – de – va		e) bitten
cere – du – de		f) die/eine Familie
du – re – tra – ce		g) zwei
se – qui – per		h) wegführen; hinbringen, geleiten

2. Futur I → Futur II

Unterstreiche jeweils die entsprechende Form des Futur II:

Futur I	Futur II
dabis	des/dederis/dedisti
inveniam	invenerim/invenero/inveni
erunt	fuerunt/fuerint/fuerant
miserebimini[1]	miseriti eritis/miseriti estis/miseriti essetis
deducemus	deduxeramus/deducti erimus/deduxerimus
ibitis	ieritis/istis/issetis
loqueris	locutus eritis/locutus eris/loquereris
volet	velit/vellet/voluerit

1 misereri, misereor, miseritus sum
sich erbarmen, Mitleid haben

3. Wenn der Fischer ihm nicht hilft, ...

Ordne den Bedingungssätzen jeweils die richtigen Hauptsätze zu:

Bedingungssatz	Hauptsatz
1. Nisi piscator[1] eum adiuverit,	iterum naufragium[2] patietur.
2. Si Apollonius redditus erit patriae suae,	deus Apollonium in patriam salvum traducet.
3. Si piscatorem[1] beatum esse viderit,	Apollonius morietur.
4. Nisi Apollonius meminerit senis,	Apollonius in patriam libenter redibit.
5. Si Apollonius Neptuno sacrificium[3] fecerit,	meminerit paupertatis piscatoris[1].

1 piscator, piscatoris m.
der/ein Fischer

2 naufragium, -i n.
der/ein Schiffbruch

3 sacrificium, -i n.
das/ein Opfer

4. Vergiss mich nicht!

Ordne den lateinischen Sätzen die richtige Übersetzung zu:

Lateinisch	Deutsch
1. Mei non obliviscere[1].	Du wirst mich nicht vergessen.
2. Aliquis eius misereatur[2].	Ich erinnere mich an dich.
3. Meminero tui.	Habt Mitleid mit ihm.
4. Miseremini[2] eius.	Vergiss mich nicht.
5. Mei non oblivisceris[1].	Ich werde mich an dich erinnern.
6. Memini tui.	Möge jemand mit ihm Mitleid haben.

1 oblivisci, obliviscor, oblitus sum
vergessen

2 misereri, misereor, miseritus sum
sich erbarmen, Mitleid haben

5. Gesucht: die handelnde oder sprechende Person

Kreuze jeweils an, ob sich die Aussage auf Apollonius (A) oder auf den Fischer (F) bezieht:

Aussage	A	F
1. Solus in litus pulsus est.		
2. Naufragum[1] miserum in litore invenit.		
3. „O Neptune, mare tranquillum sit!"		
4. „Miserere[2] mei, senex!"		
5. Apposuit[3] ei epulas[4].		

1 naufragus, -i m.
der/ein Schiff-
brüchige(r)

2 misereri, misereor,
miseritus sum
sich erbarmen, Mitleid
haben

3 apponere, appono,
apposui, appositum
servieren, auftragen

4 epulae, -arum f.
(die) Speisen, (das/ein)
Essen

Mein Test

▶ Lösungen CD

Nun solltest du erkennen können, ob du auf dem Stand des Wissens bist.

1. Vokabeltest

Gib alle Bedeutungen der folgenden neuen Vokabeln an:

reddere	
vero	
dives	
quinque	
casus	
reverti	
adulescens	
minuere	
pauper	
pati	
Wenn du mehr als zwei Bedeutungen nicht genau angeben konntest, bearbeite die Übung 1 auf S. 47.	

2. Eindeutig, mehrdeutig ...?

Entscheide, welche Formen im Futur II, welche im Konjunktiv Perfekt stehen, welche mehrdeutig sind und welche in keinem der beiden Tempora stehen. Bestimme die Formen, die keinem der vorgegebenen Tempora zuzuordnen sind.

viderim – consecutae erunt – invenero – gerit – fecerit – precati sint – fuerunt – reddiderint – pulsus ero – fueritis – currimus – maluerim – iero – presseris – locuti simus – caperes

Fut. II	Konj. Perf.	Fut. II / Konj. Perf.	Keines von beidem

Bestimmung:

_____

_____

_____

_____

Wenn du mehr als drei Formen falsch zugeordnet hast, bearbeite die Übung 2 auf S. 48.

3. Was denkt Apollonius?

Ergänze jeweils die entsprechende Form aus dem Speicher. Jeder *si-/nisi*-Satz beginnt mit dem Hauptsatz aus dem Satz zuvor.

passus ero – reddar – fuerit – inveniam – cogitavero – patiar – redditus ero – erit – cogitabo – revertero – ~~miseritus erit~~ – ~~revertar~~

1 misereri, misereor, miseritus sum
sich erbarmen, Mitleid haben

2 naufragium, -i n. der/ein Schiffbruch

Beispiel: 1. „Si nemo mei miseritus erit (misereri[1]), huc revertar (reverti).

2. Si huc revertero (reverti), paupertas satis _____ (esse) nobis.

3. Nisi paupertas satis _____ (esse) nobis, _____ (reddere) patriae meae.

4. Si _____ (reddere) patriae meae, _____ (cogitare) de paupertate senis.

5. Nisi de paupertate senis _____ (cogitare), iterum naufragium[2] _____ (pati).

6. Si naufragium[2] _____ (pati), fortasse mei similem non _____ (invenire)."

Wenn du mehr als zwei Formen falsch ergänzt hast, bearbeite die Übung 3 auf S. 48.

4. „Hab Mitleid mit mir!"

Ergänze das passende Objekt:

	Objekt	
1. Apollonius: „Miserere[1] _____, senex!"	a) tui	1 misereri, misereor, miseritus sum sich erbarmen, Mitleid haben
2. Piscator[2]: „_____ miseritus sum[1]."	b) misericordiae tuae	
3. Piscator[2]: „Nonne meministi _____?"	c) verborum meorum	2 piscator, piscatoris m. der/ein Fischer
4. Apollonius: „Numquam obliviscar[3] _____.	d) mei	3 oblivisci, obliviscor, oblitus sum vergessen
5. Num _____ oblitus es[3]?"	e) paupertatis meae	
Wenn du mehr als ein Objekt falsch ergänzt hast, bearbeite die Übung 4 auf S. 48.		

5. Perspektivenwechsel

Apollonius erzählt als alter Mann von seiner Flucht vor König Antiochus. Bringe die Sätze in die richtige Reihenfolge:

	Reihenfolge	
a) Post epulas partem tribunarii[1] sui mihi dedit.		1 tribunarium, -i n. der/ein Umhang, der/ein Mantel
b) Piscator[2] quidam senex me in litore invenit.		
c) Piscator[2]: „Nemo umquam rediit me adiuturus."	8.	2 piscator, piscatoris m. der/ein Fischer
d) Multis annis post ego: „Nunc magnam pecuniam habeo."		
e) In tempestate omnes paene perierunt.		
f) Piscator[2]: „Aliquando memineris senis pauperis."		
g) Tempestas navem delevit.	1.	
h) Is senex apposuit[3] mihi epulas[4], quas habuit.		3 apponere, appono, apposui, appositum servieren, auftragen
Wenn du mehr als zwei Sätze vertauscht hast, bearbeite die Übung 5 auf S. 49.		4 epulae, -arum f. (die) Speisen, (das/ein) Essen

▶ Lösungen CD # Was ich schon kann

Wenn du die folgenden Aufgaben löst, erkennst du genau, was du schon kannst und was du noch üben musst. Arbeite dann die angegebenen Übungen durch. Der Test am Ende der Lektion auf S. 57–60 verrät dir, ob du beim Üben schon erfolgreich warst. Wenn du schon alles kannst, kannst du auch gleich zum Test gehen. Und wenn du auch den Test ohne alle Probleme gelöst hast, kannst du noch das Extra-Training auf S. 61 bearbeiten.

1. Ordne dem lateinischen Wort jeweils seine deutsche Bedeutung zu:

A) alere B) distinguere C) hortari D) idem E) membrum F) occidere G) postremo H) quidem I) spatium J) vicinus	1) auffordern, ermahnen 2) derselbe, dieselbe, dasselbe 3) ernähren, fördern 4) (der) (Lebens)Unterhalt; (die) Nahrung 5) der/ein Nachbar 6) schließlich, endlich, zuletzt 7) das/ein Teil; das/ein Glied 8) trennen; unterscheiden; (zu)teilen 9) untergehen (eines Gestirns) 10) unterscheiden 11) wenigstens; freilich; zwar 12) der/ein Zwischenraum; die/eine Wegstrecke

Wenn du von den Bedeutungen der zehn neuen Vokabeln mehr als zwei nicht genau zuordnen konntest, bearbeite die Übung 1 auf S. 54.

2. Dativ des Vorteils und Dativ des Zwecks

Unterstreiche die Dative des Vorteils einfach und die Dative des Zwecks doppelt.
(Als Dative des Vorteils erscheinen meist Personen, als Dative des Zwecks meist abstrakte Begriffe.)

1 lingua, -ae f. die/eine Sprache

2 discere, disco, didici lernen

3 Turcus, -a, -um türkisch; Subst.: Turcae, -arum m. (die) Türken

4 praesidium, -i n. (der) Schutz

5 altus, -a, -um hoch

1. Linguas[1] peregrinas discere[2] legatis usui esse potest.

2. Dominis Turcis[3] salus servorum saepe cordi fuit.

3. Pauperibus auxilio venire Busbequius virtutis esse putavit.

4. Divites miseris praesidio[4] esse debere Busbequius putavit.

5. Clamor in turribus altis[5] sublatus Busbequio gaudio fuisse videtur.

Wenn du mehr als zwei Dative nicht richtig unterstreichen konntest, bearbeite die Übung 2 auf S. 55.

↻ 3. Der Konjunktiv im Relativsatz

Unterstreiche das Prädikat des Relativsatzes und kreuze an, ob es im Indikativ oder im Konjunktiv steht. Kreuze schließlich an, ob ein Nebensinn vorliegt und, wenn ja, welcher.

	Modus
1. Apollonius in mari navigabat. Subito tempestas coorta est[1], quae navem deleret. Apollonius segelte auf dem Meer. Plötzlich entstand ein Unwetter, das das Schiff zerstörte. ☐ konsekutiv – ☐ final – ☐ kausal – ☐ kein Nebensinn	☐ Ind. ☐ Konj.
2. Apollonius, qui vivus ad litus pervenisset, gavisus est et deo gratias egit. Apollonius, der lebend zur Küste gelangt war, freute sich und dankte Gott. ☐ konsekutiv – ☐ final – ☐ kausal – ☐ kein Nebensinn	☐ Ind. ☐ Konj.
3. Piscator[2], qui misericordia motus esset, Apollonium sub[3] tecto suo accepit. Ein Fischer, der vor Mitleid gerührt war, nahm Apollonius unter seinem Dach auf. ☐ konsekutiv – ☐ final – ☐ kausal – ☐ kein Nebensinn	☐ Ind. ☐ Konj.
4. Piscator[2] tribunarium[4], quo indutus erat[5], in duas partes scidit[6] et aliam partem Apollonio dedit. Der Fischer riss den Mantel, den er trug, in zwei Teile und gab Apollonius den einen Teil. ☐ konsekutiv – ☐ final – ☐ kausal – ☐ kein Nebensinn	☐ Ind. ☐ Konj.
5. Apollonius piscatori[2], qui ei auxilio venisset, gratias egit. Apollonius dankte dem Fischer, der ihm zu Hilfe gekommen war. ☐ konsekutiv – ☐ final – ☐ kausal – ☐ kein Nebensinn	☐ Ind. ☐ Konj.
6. Apollonius, qui Neptunum mitigare[7] studeret, sacrificium[8] dignum fecit. Apollonius, der Neptun zu besänftigen versuchte, brachte ihm ein würdiges Opfer dar. ☐ konsekutiv – ☐ final – ☐ kausal – ☐ kein Nebensinn	☐ Ind. ☐ Konj.
Wenn du mehr als einmal nicht richtig ankreuzen konntest, bearbeite die Übung 3 auf S. 55.	

1 cooriri, coorior, coortus sum entstehen

2 piscator, piscatoris m. der/ein Fischer

3 sub (bei Ortsangaben mit Abl.) unter

4 tribunarium, -i n. der/ein Umhang, der/ein Mantel

5 indutum esse (mit Abl.) (mit etw.) bekleidet sein

6 scindere, scindo, scidi, scissum zerreißen

7 mitigare besänftigen

8 sacrificium, -i n. das/ein Opfer

↻ 4. *-nd-*Formen zum Ausdruck einer Notwendigkeit

Kreuze jeweils an, ob die *-nd-*Form ein Müssen bzw. Nicht-Dürfen ausdrückt (+) oder nicht (-):

	+	−
1. Omnibus viris, qui per maria navigant, multa pericula subeunda sunt.		
2. Nonnulli nautae[1] etiam cupidissimi pericula subeundi sunt.		
3. Apollonio Antiochum regem metuenti patria relinquenda fuit.		
4. Apollonium adiuvando piscator[2] sibi amicum optimum paravit.		
5. Apollonius saepe deum rogavit: „Cur sors tam gravis mihi ferenda est?"		
6. Apollonius Neptuno sacrificans[3] speravit tempestates timendas non iam esse.		
7. Piscator[2] speravit eos, quibus affuisset, gratias agendi causa aliquando redituros esse.		
Wenn du mehr als einmal nicht richtig angekreuzt hast, bearbeite die Übung 4 auf S. 55/56.		

1 nauta, -ae m. der/ein Seemann, der/ein Matrose

2 piscator, piscatoris m. der/ein Fischer

3 sacrificare opfern

5. Wahr oder falsch?

Sind die folgenden Aussagen nach dem, was du aus dem Lektionstext 31 erfahren hast, wahr (w) oder falsch (f)? Kreuze an:

	w	f
1. Quater die[1] in turribus altis[2] clamor tollitur, quo cives ad arma capienda hortentur.		
2. Turcae[3] ad tempus metiendum[4] aqua utuntur.		
3. Diem in horas dividere apud Turcas[3] mos non est.		
4. Causa Turcas[3] contemnendi non est.		
5. Servi Turci[3] dominis non iam cordi sunt, si morbis laborant[5].		
6. Busbequius militem veterem vidit, cui omnis auctoritas defuit, quamquam multos annos ordines duxerat.		
7. Militi, quem Busbequius vidit, magnae opes et multi servi fuerunt.		
Wenn du mehr als einmal nicht richtig angekreuzt hast, bearbeite die Übung 5 auf S. 56.		

1 quater die
viermal am Tag

2 altus, -a, -um
hoch

3 Turcus, -a, -um
türkisch;
Subst.: Turcae, -arum m.
(die) Türken

4 metiri, metior,
messus sum
messen

5 laborare
(mit Abl., *hier*) leiden an

▶ Lösungen CD

Mein Training

1. Vokabelrätsel

Unterstreiche jeweils die passende Vokabel und bilde aus den angegebenen Buchstaben das Lösungswort:

1 Turcus, -a, -um
türkisch;
Subst.: Turcae, -arum
m. (die) Türken

2 ceteri, -ae, -a
die übrigen

3 altitudo, altitudinis f.
die/eine Höhe

4 superare
hier: überragen

5 mundus, -i m.
die Welt

6 oriri, orior, ortus sum
aufgehen (von der
Sonne)

7 mendicus, -i m.
der/ein Bettler

1. Membra/Ortus/Turres, de quibus Turcae[1] ad Deum colendum vocantur, cetera[2] aedificia altitudine[3] superant[4]. (4.)
2. Busbequius Turcarum[1] liberalitate/ordine/vicinis, quam non exspectavisset, gavisus est. (4.)
3. Mores peregrinos novisse iis, qui saepe itinera faciunt, membro/ordini/usui esse potest. (2.)
4. Antiquis temporibus nonnulli mundum[5] in duas partes aluerunt/diviserunt/hortati sunt: aliam, in qua sol oritur[6], aliam, in qua occidit. (6.)
5. Horae, dies, menses, anni corda/soles/spatia temporis sunt. (1.)
6. Busbequius clamorem sublatum acutum/incertum/totum, sed tamen iucundum dixit. (4.)
7. Mendicos[7] apud Turcas[1] incertos/raros/vicinos esse Busbequius refert. (2.)
8. In civitate Turca[1] domini servos in fidem/membrum/victum acceperunt. (4.)

Lösungswort: __ __ __   G __ __ __ __ __
                  1   2   3   4   5   6   7   8

2. Sinnsuche

Vieles im Leben hat einen bestimmten Sinn und Zweck.
Wähle jeweils den passenden Dativ des Zwecks aus und unterstreiche ihn:

1. Ars hominibus gaudio/perniciei est.
2. Romani putaverunt victoriam hostium victori gloriae/rationi esse.
3. Liberi, qui iter periculosum[1] faciunt, parentibus curae/usui sunt.
4. Magistri discipulis exemplo/odio esse debent.
5. Amicus amico auxilio/invidiae venire debet.
6. Legiones Romanorum hostibus saepe amori/timori fuerunt.
7. Fides, in quam accepti erant, servis Turcis[2] dignitati/luxuriae fuit.

1 periculosus, -a, -um
gefährlich

2 Turcus, -a, -um
türkisch;
Subst.: Turcae, -arum
m. (die) Türken

3. Der Konjunktiv im Relativsatz

Kreuze an, welchen Nebensinn die angegebenen Relativsätze jeweils haben:

1. Homines, qui civitatem Turcarum[1] ignorent, multa mirabilia et falsa de eo populo narrant.

☐ konsekutiv – ☐ final – ☐ kausal – ☐ kein Nebensinn

2. Busbequius, qui iussu imperatoris sui cum Turcis[1] ageret, iter longum in orientem[2] fecit.

☐ konsekutiv – ☐ final – ☐ kausal – ☐ kein Nebensinn

3. Pauperes, quos domini Turcae[1] in fidem accepissent, digne vivere potuerunt.

☐ konsekutiv – ☐ final – ☐ kausal – ☐ kein Nebensinn

4. Quater die[3] omnibus in urbibus oppidisque imperii Turci[1] viri, qui cives ad precandum[4] vocarent, in turres muschitarum[5] ascenderunt[6].

☐ konsekutiv – ☐ final – ☐ kausal – ☐ kein Nebensinn

5. Apud Turcas[1] Busbequius militem laesum[7] vidit, cui auxilio domini opus esset[8].

☐ konsekutiv – ☐ final – ☐ kausal – ☐ kein Nebensinn

6. Busbequius Turcas[1], quorum liberalitatem magnam putaret, contemnendos esse negavit.

☐ konsekutiv – ☐ final – ☐ kausal – ☐ kein Nebensinn

1 Turcus, -a, -um
türkisch;
Subst.: Turcae,
-arum m.
(die) Türken

2 oriens, orientis m.
(der) Osten

3 quater die
viermal am Tag

4 precari
beten

5 muschita, -ae f.
die/eine Moschee

6 ascendere, ascendo,
ascendi, ascensum
(hinauf)steigen

7 laedere, laedo, laesi,
laesum
verletzen

8 opus est (mit Abl.)
(etwas) ist nötig

4. Die Kunst der Diplomatie

Oghier de Busbecq reiste als Diplomat (lat. *legatus*) ins Osmanische Reich.
Im diplomatischen Dienst gilt es – damals wie heute –, eine Vielzahl von Höflichkeitsregeln
zu beachten. Setze die angegebenen Gerundiva passend in die Lücken ein:

audiendae – cognoscendi – ferenda – impetrandum – servanda – tacendum

1. Etsi[1] non omnia, quae in civitatibus peregrinis fiunt, legatis placent, saepe

_____ est.

2. Dominis, qui ad convivia[2] invitant, dona _____ sunt.

3. Preces nuntiorum peregrinorum _____ sunt.

1 etsi
auch wenn

2 convivium, -i n.
das/ein Gastmahl

4. Mores peregrinorum _____ sunt.

5. Foedera, quae civitates inter se fecerunt, _____ sunt.

3 sermo, sermonis m.
das/ein Gespräch

6. Nonnumquam longis sermonibus[3] _____ est, ut merces in

patria factae in civitatibus peregrinis vendi possint.

5. Gesellschaft und Kultur des Osmanischen Reiches in der Frühen Neuzeit

Die Aussagen 1 bis 7 beschreiben das Osmanische
Reich, wie es Oghier de Busbecq erlebt hat.
Ordne jedem Satz eine der vorgegebenen
Überschriften zu.
(Nicht alle Überschriften können zugeordnet werden.)

„Straßenbau" – „Kriege zwischen Griechen, Römern und Osmanen" – „Das Treueverhältnis
zwischen Sklaven und Herren" – „Gartenbau" – „Kleidung und Schmuck" – „Aufgaben von
Sklaven" – „Antikes Erbe" – „Der Gebetsruf" – „Die Verschleierung der Frauen" – „Die Pflan-
zen- und Tierwelt des Osmanischen Reiches" – „Religiöse Toleranz" – „Die Architektur der
Osmanen" – „Synagogen und Kirchen" – „Religion und Körperpflege"

1 Turcus, -a, -um
türkisch;
Subst.: Turcae,
-arum m.
(die) Türken

2 pudor, pudoris m.
(die) Scham,
(das) Ehrgefühl

3 indutum esse (mit
Abl.)
(mit etw.) bekleidet sein

4 velare
verschleiern

1. Mulieres Turcae[1] pudoris[2] causa vestibus longis indutae sunt[3], quae omne fere corpus

velent[4].

_____

5 dedecus, dedecoris n.
die/eine Schande

6 sordidus, -a, -um
schmutzig

2. Dedecus[5] apud Turcas[1] dicitur Deum manibus sordidis[6] appellare.

_____

7 muschita, -ae f.
die/eine Moschee

8 monumentum, -i n.
das/ein Denkmal,
das/ein Monument

3. Muschitae[7] maxima arte confectae Turcis[1] magno laudi sunt.

_____

9 Baiazethes, -is
Sultan Bayezid II. (ca.
1447–1512)

4. Antea Graeci, Romani, alii populi in finibus imperii Turci[1] bella gesserunt, urbes

condiderunt, monumenta[8] clarissima aedificaverunt.

_____

10 Suleimanus, -i
Sultan Süleyman I.

11 Iudaeus, -a, -um
jüdisch;
Subst.: der/ein Jude

12 Hispania, -ae f.
Spanien

5. Constat imperatorem Turcum[1] nomine Baiazethem[9], avum Suleimani[10] Magnifici,

Iudaeos[11] ex Hispania[12] expulsos in fidem accepisse.

_____

13 regio, regionis f.
die/eine Region

14 occidens,
occidentis m.
der Westen

15 ignotus, -a, -um
unbekannt

6. In imperio Turcarum[1] flores crescunt, qui in regionibus[13] occidentis[14] ignoti[15] sunt. Quos

colendi Turcae[1] periti[16] sunt.

_____

16 peritus (mit Gen.)
(in etw.) kundig,
erfahren

7. Pauperes, quos domini divites misericordia moti in fidem acceperint, fame non vexantur.

_____

Mein Test

▶ Lösungen CD

Nun solltest du erkennen können, ob du auf dem Stand des Wissens bist.

1. Gib alle Bedeutungen der folgenden neuen Vokabeln an:

acutus	
alere	
idem	
incertus	
liberalitas	
ordo	
postremo	
spatium	
uti	
victus	
Wenn du mehr als zwei Bedeutungen nicht genau angeben konntest, bearbeite die Übung 1 auf S. 54.	

Mihi cordi es, Aenea!

2. Große Gefühle im Mythos

Der Dativ des Zwecks gibt häufig an,
welches Gefühl bei jemandem erzeugt wird.
Wähle jeweils den passenden Dativ des Zwecks aus:

1. Achillis arma Hectori gloriae/perniciei fuerunt.
2. Fama de Didone Aeneaque Romanis odio perpetuo / maximae rationi fuit.
3. Ceres, cuius filia a Plutone rapta esset, deos rogavit, ut auxilio/cladi venirent.
4. Equus a Graecis in litore relictus Laocoonti curae/gaudio fuit.
5. Pueri in ripa Tiberis expositi Faustulo invidiae/misericordiae fuerunt.
6. Sirenes, quas in malum[1] vinctus[2] audiret, Ulixi dolori/luxuriae fuerunt.
7. Remus, qui muros irrisisset, Romulo fratri amori/irae fuit.
Wenn du mehr als einmal den falschen Dativ des Zwecks gewählt hast, bearbeite die Übung 2 auf S. 55.

1 malus, -i m.
der/ein Mast

2 vincire, vincio, vinxi,
vinctum
fesseln

§ 3. Der Konjunktiv im Relativsatz

Steht ein Relativsatz im Konjunktiv, so wird dadurch meist ein Nebensinn ausgedrückt. Man muss dann genau hinsehen, um zu erfassen, was der Verfasser jeweils betonen will. Kreuze an, welchen der folgenden Aussagen du zustimmst. Es sind oft mehrere Antworten möglich.

1 Habsburgensis, Habsburgensis, Habsburgense,
Gen.: Habsburgensis Habsburger; *Subst.:* der/ein Habsburger

2 Turcus, -a, -um türkisch;
Subst.: Turcae, -arum m. (die) Türken

3 balneum, -i n. das/ein Bad

4 precari *hier:* beten

5 lavari sich waschen

6 se dare do, dedi, datum sich hingeben, sich widmen

1. Imperator Habsburgensis[1] Busbequium, qui cum Turcis[2] de multis rebus ageret, iter incertum facere iussit.

   a) Der Relativsatz steht im Indikativ und hat daher keinen Nebensinn.

   b) Der Relativsatz hat einen finalen Nebensinn.

   c) Eine richtige Übersetzung des Relativsatzes ist: „(Busbecq,) der mit den Türken über viele Dinge verhandeln sollte".

2. Populus ignotus Turcarum[2], quem nonnulli illo tempore barbarum dicerent, balnea[3] pulcherrima aedificaverat.

   a) Man kann den Nebensinn des Relativsatzes als konzessiv auffassen.

   b) Man kann den Nebensinn des Relativsatzes als konsekutiv auffassen.

   c) Eine richtige Übersetzung des Relativsatzes ist: „(das unbekannte Volk der Türken,) das einige zu jener Zeit als barbarisch bezeichnen wollten".

3. Turcae[2], qui crederent opus esse ante precandum[4] lavari[5], cultui corporis diligenter se dederunt[6].

   a) Die Aussage des Relativsatzes folgt nicht aus der Aussage des Hauptsatzes und begründet diese auch nicht.

   b) Eine mögliche Übersetzung des Relativsatzes lautet: „damit sie glauben konnten, dass es nötig sei, sich vor dem Beten zu waschen".

   c) Eine mögliche Übersetzung des Relativsatzes lautet: „weil sie glaubten, dass es nötig sei, sich vor dem Beten zu waschen".

4. Imperator Habsburgensis[1] Busbequium legatum ad Turcarum[2] imperatorem misit, cuius nomen Suleimanus erat.

   a) Hier wird der Indikativ verwendet, weil der Relativsatz eine reine Sachinformation enthält, die den Hauptsatz weder begründet noch einschränkt noch aus ihm folgt.

   b) Der Relativsatz hat einen kausalen Nebensinn. Der Verfasser verwendet aber dennoch den Indikativ.

   c) Der Relativsatz hat einen finalen Nebensinn. Der Verfasser verwendet aber dennoch den Indikativ.

7 Europaeus, -a, -um europäisch

8 mundus, -i m. die Welt

9 nauta, -ae m. der/ein Seemann

5. Illo saeculo, quo Busbequius vixit, civitates Europaeae[7] in omnes fere partes mundi[8] nautas[9] miserunt, qui terras inventas occuparent.

   a) Der erste Relativsatz hat keinen Nebensinn. Der zweite Relativsatz hat einen finalen Nebensinn.

   b) Man kann den zweiten Relativsatz im Deutschen durch einen Adverbialsatz wiedergeben, der mit „obwohl" beginnt.

   c) Wenn man bei der Übersetzung des zweiten Relativsatzes das Hilfsverb „sollen" verwendet, so kommt dessen Nebensinn zum Ausdruck.

6. Et antiquis temporibus et hodie stulti, qui mores patriae suae optimos esse arbitrentur, populos peregrinos contemnunt.

   a) Der Verfasser vertritt die Auffassung, dass Nationalismus aus geistiger Beschränktheit entsteht. Der Relativsatz ist also konsekutiv zu verstehen.

   b) Der Relativsatz begründet, warum dumme Menschen auf fremde Völker herabschauen.

   c) Der Relativsatz hat einen konzessiven Nebensinn.

7. Nonnulli credunt Busbequium operibus Iulii Caesaris, qui claris verbis de populis peregrinis scripsisset, usum esse.

a) Ein finaler Nebensinn des Relativsatzes ist schon allein deshalb ausgeschlossen, weil dieser vorzeitig zum Hauptsatz ist.

b) Da der Relativsatz im Konjunktiv Plusquamperfekt steht, kann er keinen kausalen Nebensinn haben.

c) Busbecq hat auf die Werke Caesars zurückgegriffen, weil dieser – in elegantem Latein – ebenfalls über fremde Völker geschrieben hat.

8. Usque ad saeculum undevicesimum[10] legati iter in imperium Turcum facturi, qui victum illius populi nescirent[11], opera Busbequii legerunt.

a) Eine richtige Übersetzung des Relativsatzes lautet: „um die Lebensweise jenes Volkes kennenzulernen". Der Nebensinn ist also final.

b) Der Relativsatz hat einen kausalen Nebensinn.

c) Der Nebensinn des Relativsatzes kann sowohl kausal als auch konzessiv als auch final als auch konsekutiv aufgefasst werden.

Wenn du insgesamt mehr als drei falsche Aussagen angekreuzt hast, bearbeite die Übung 3 auf S. 55.

10 undevicesimus, -a, -um
der, die, das neunzehnte

11 nescire
nicht kennen, nicht wissen

4. Gebote und Verbote im Islam

Lies dir zunächst den Info-Text durch, der dich über die sogenannten „Fünf Säulen des Islam" und einige weitere grundsätzliche religiöse Vorschriften des Islam informiert.
Wende deine Kenntnisse anschließend auf die folgenden Sätze an, indem du die angegebenen Gerundiva passend in die Lücken einsetzt.

Die Grundlagen des Islam

Der Islam ist – so wie Judentum und Christentum auch – eine sehr vielfältige Religion. Man unterscheidet zwei Hauptgruppen von Muslimen: Schiiten und Sunniten. Letztere lassen sich wiederum in vier Rechtsschulen einteilen. Daneben gibt es zahlreiche kleinere Gruppierungen. In dieser großen Vielfalt gibt es etwas, das alle Muslime verbindet und eint, die sogenannten „Fünf Säulen des Islam". Dazu gehören:

1. das Bekenntnis zum Glauben an einen einzigen Gott (Allah) und seinen Propheten Mohammed,
2. das Gebet, das jeder Muslim fünfmal täglich verrichten soll,
3. die Almosensteuer, also die Pflicht, für Arme, Kranke und Bedürftige zu spenden,
4. die Pflicht, im Monat Ramadan zu fasten, und zwar täglich zwischen Sonnenaufgang und -untergang und
5. die Pilgerreise nach Mekka, die jeder Muslim einmal im Leben unternehmen soll. (Von dem Fasten im Ramadan und von der Pilgerfahrt nach Mekka sind Kinder, Kranke und Schwangere ausdrücklich ausgenommen.)

Über diese Grundsätze hinaus sind insbesondere die Speisevorschriften der Muslime weithin bekannt: Alkohol, Blut und Schweinefleisch dürfen nicht verzehrt werden. Auch andere Tiere sind nur dann zum Verzehr zugelassen, wenn sie gemäß den islamischen Vorschriften geschlachtet (geschächtet) wurden. Überhaupt dürfen Tiere nur getötet werden, um dem Menschen als Nahrung zu dienen.

bibendum[1] – colendus – praebenda – facienda – interficienda – observandus – repudiandi[2]

1 bibere, bibo, bibi
trinken

2 repudiare
zurückweisen, ablehnen

3 peregrinatio,
peregrinationis f.
die/eine Pilgerreise

4 Mecca, -ae f.
Mekka (heilige Stadt im
Islam)

5 Arabicus, -a, -um
arabisch

6 lingua, -ae f.
die/eine Sprache

7 merces, mercedis f.
der/ein Lohn, das/ein
Gehalt

8 oriri, orior, ortus sum
aufgehen (von der
Sonne)

1. Peregrinatio[3] ad Meccam[4] urbem _____ est.

2. Vinum _____ non est.

3. Nullus alius deus _____ est nisi is, qui Arabica[5] lingua[6] Allah

   vocatur.

4. Pauperibus aliqua pars mercedis[7] _____ est.

5. Mense Ramadan vocato cibi inter solem orientem[8] et occidentem omnes

   _____ sunt.

6. Aegrotis Ramadan mensis _____ non est.

7. Animalia „delectandi" causa (ut in circis Romanis) _____

   non sunt.

> Wenn du mehr als zwei Gerundiva falsch eingesetzt hast, bearbeite die Übung 4 auf S. 55/56.

5. Darstellung fremder Völker

In der lateinischen Literatur sowohl der Antike als auch der Frühen Neuzeit spielt die Darstellung fremder Völker eine besondere Rolle. Du findest dafür in deinem Buch folgende Beispiele:
- Darstellung der Germanen durch die Römer (Lektion 11 und 12),
- Darstellung der Phönizier durch die Römer (Lektion 19 sowie 23 bis 25),
- Darstellung der Türken durch einen Habsburger (Lektion 31).

Unterstreiche in den folgenden Aussagen das jeweils gemeinte Volk:

1 cladem inferre,
infero, intuli, illatum
(mit Dat.)
jmdm. eine Niederlage
zufügen

2 Turcus, -a, -um
türkisch;
Subst.: Turcae,
-arum m.
(die) Türken

3 naufragus, -a, -um
schiffbrüchig;
Subst.: der/ein
Schiffbrüchige(r)

4 sub (bei Ortsangaben
mit Abl.) unter

5 situs, -a, -um
befindlich, gelegen

6 Iudaeus, -a, -um
jüdisch;
Subst.: der/ein Jude

7 frigus, frigoris n.
(die) Kälte

8 saevus, -a, -um
wild

9 terror, terroris m.
der/ein Schrecken

1. Tres legiones perierunt in clade[1], quam Germani/Poeni/Turcae[2] Romanis intulerunt[1].
   Tum Romani cognoverunt fines Germanorum/Poenorum/Turcarum[2] totos occupandos
   non esse.

2. Fama est reginam Germanorum/Poenorum/Turcarum[2] naufragum[3] sub[4] tecto accepisse,
   amore captam esse, denique sibi mortem dedisse, postquam ab eo relicta est.

3. Locus, in quo Troia urbs aliquando fuerat, in finibus Germanorum/Poenorum/Turcarum[2]
   situs[5] est.

4. Germani/Poeni/Turcae[2] ut Iudaei[6] unum deum colunt.

5. Tria sunt bella a Germanis / a Poenis / a Turcis[2] maximo cum hoste gesta, quorum
   ultimum ei populo perniciei fuit.

6. Fines Germanorum/Poenorum/Turcarum[2] nonnullis mercatoribus, qui frigus[7] aut
   animalia saeva[8] timerent, terrori[9] fuerunt.

> Wenn du mehr als einmal den falschen Völkernamen unterstrichen hast, bearbeite die
> Übung 5 auf S. 56.

Mein Extra-Training

▶ Lösungen CD

30. Ich werde dich loben/tadeln, wenn du (nicht) …

Zwei Jugendliche in Rom kündigen Lob oder Tadel an, wenn der/die andere etwas tut oder nicht tut. Der *si-/nisi*-Satz steht im Futur II. Bilde insgesamt vier Sätze:

Beispiel: Te laudabo, si pulchre cecineris!
Te laudabo, si/nisi … (canere – mecum disputare – Latine[1] loqui – mihi pecuniam dare – mecum pila[2] ludere – …)
Te reprehendam[3], si/nisi … (e domo discedere – me adiuvare – ad me redire – tacere – …)

1 Latine (Adv.)
lateinisch, Latein

2 pila, -ae f.
der/ein Ball

3 reprehendere,
reprehendo,
reprehendi,
reprehensum
tadeln

31. Berühmte Entdecker und Erforscher

Ordne die Namen A bis D den Beschreibungen 1 bis 4 zu.
Beantworte außerdem kurz die Fragen mithilfe der lateinischen Beschreibungen.

A. Christoph Kolumbus: Warum war er nach Ansicht einiger nicht der Entdecker Amerikas?

B. Oghier de Busbecq: Was hat er zum botanischen, was zum kulturellen Wissen der Frühen Neuzeit beigetragen?

C. Amerigo Vespucci: Welche Erkenntnis machte ihn berühmt?

D. Lawrence von Arabien: Was war seine militärische, was war seine literarische Leistung?

1 inscribere, inscribo,
inscripsi, inscriptum
(als Inschrift) schreiben

2 antiquitas,
antiquitatis f.
die Antike, das Altertum

3 nauta, -ae m.
der/ein Seefahrer

4 Europaeus, -a, -um
europäisch

5 sexto fere saeculo ante
etwa sechs Jahrhunderte zuvor

6 Terra Viridis, -ae -is
Grönland

7 Italianus, -a, -um
italienisch

8 Hispania, -ae f.
Spanien

9 Nomas, Nomadis m.
der/ein Nomade

10 Turcae, -arum m.
(die) Türken

11 excitare
entfachen, anstacheln

12 regio, regionis f.
die/eine Region

13 militaris, militaris,
militare, *Gen.*: militaris
soldatisch, militärisch

14 aequalis, -is m.
der/ein Zeitgenosse

15 Asia, -ae f.
Asien

16 continens,
continentis f.
der/ein Kontinent

17 aliquoties (Adv.)
mehrmals

1. Is legatus, qui ab imperatore suo ad populum peregrinum missus erat, non solum flores ignotos in patriam tulit, sed etiam cognovit litteras quodam muro inscriptas[1] clarissimum opus antiquitatis[2] esse. _____

2. Quamquam constat nautas[3] Europaeos[4] sexto fere saeculo ante[5] litora Terrae Viridis[6] petivisse, is nauta Italianus[7], qui iussu imperatoris Hispaniae[8] navigavit, „novum mundum" invenisse dicitur. _____

3. Is imperator seditiones Nomadum[9] contra Turcas[10] excitans[11] impetravit, ut imperium suum potestatem totius regionis[12] caperet. Tamen hodie non virtutis militaris[13] causa notus est, sed quia mores gentium, quibuscum diu vivebat, claris verbis narravit.
_____

4. Ab aequalibus[14] is nauta[3] una re se distulit: Scivit litora, quae petiverat, Asiae[15] partes non esse. Tandem continenti[16], ad quam aliquoties[17] navigaverat, nomen suum dedit.
_____

▶ Lösungen CD

Was ich schon kann

> Wenn du die folgenden Aufgaben löst, erkennst du genau, was du schon kannst und was du noch üben musst. Arbeite dann die angegebenen Übungen durch. Der Test am Ende der Lektionen auf S. 70 – 73 verrät dir, ob du beim Üben schon erfolgreich warst. Wenn du schon alles kannst, kannst du auch gleich zum Test gehen.

Lektion 32

1. Ordne dem lateinischen Wort jeweils seine deutsche Bedeutung zu:

A) pagus	1) (die) Milch	Wenn du von den Bedeutungen der zehn neuen Vokabeln mehr als zwei nicht genau zuordnen konntest, bearbeite die Übung 1 auf S. 66.
B) lac	2) weitaus, bei weitem	
C) arbitrari	3) bezeichnen, bedeuten	
D) singuli	4) überschreiten, durchqueren	
E) transire	5) waschen	
F) longe	6) geboren werden; entstehen	
G) significare	7) der/ein Bezirk; das/ein Dorf	
H) lavare	8) (die) Landwirtschaft	
I) emere	9) glauben, meinen	
J) centum	10) jeweils eine/r/s; einzeln	
	11) kaufen	
	12) hundert	

2. a Erkennst du die Textsorte?

Zu welcher Gattung gehört der folgende Text? Begründe deine Entscheidung.

1 angustiae, -arum f. Engpass

2 populari verwüsten, plündern

Iam tota gens per angustias[1] et fines illorum suas copias traduxerat et in propinquorum fines pervenerat eorumque agros populabatur[2]. Qui, cum se suaque ab iis defendere non possent, legatos ad imperatorem Romanum mittunt: quibus rebus adductus imperator non exspectandum sibi constituit.
(nach Caes., Gall. 1, 11, 1–2 und 6)

_____

_____

_____

> Wenn du die Gattung des Textes nicht richtig erkannt hast, bearbeite die Übung 2 a auf S. 66.

2. b Gaius meint, die indirekte Rede sei kein Problem. Was meinst du?

Ariovistus respondit: si quid ipsi a Caesare opus esset, se ad eum venturum fuisse; si quid ille se velit, illum ad se venire necesse esse. Praeterea se sine exercitu in eas partes Galliae venire non audere[1], quas Caesar possideret[2].
(nach Caes., Gall. 1, 34, 2–4)

1 audere, audeo, ausus sum wagen

2 possidere, possideo besitzen, besetzt halten

1. Unterstreiche alle Sätze der indirekten Rede, die in der direkten Rede Hauptsätze wären.

> Wenn du mehr als einen Hauptsatz nicht erkannt hast, bearbeite die Übung 2 b.1 auf S. 66.

2. Schreibe alle Reflexiv- und Demonstrativpronomen aus dem Text heraus und entscheide dann aus dem Kontext heraus, wer damit jeweils gemeint ist:

Pronomen	Bezugswort	Pronomen	Bezugswort

Wenn du bei mehr als einem Pronomen Probleme hattest, bearbeite die Übung 2 b.2 auf S. 67.

Lektion 33

1. Ordne dem lateinischen Wort jeweils seine deutsche Bedeutung zu:

A) perferre
B) severus
C) tamquam
D) honor
E) spectaculum
F) alibi
G) flagitium
H) semel
I) considerare
J) magis

1) einmal
2) das/ein Verbrechen; die/eine Schande
3) anderswo
4) verderben; bestechen
5) die/eine Ehre; das/ein Ehrenamt
6) mehr; eher
7) gewissermaßen; gleichsam; *Subjunktion*: als ob
8) ertragen
9) streng
10) das/ein Schauspiel; das/ein öffentliche/s Vergnügen
11) dort
12) betrachten; überlegen

Wenn du von den Bedeutungen der zehn neuen Vokabeln mehr als zwei nicht genau zuordnen konntest, bearbeite die Übung 1 auf S. 67.

2. 1, 2 oder 3?

Unterstreiche die Form von *quisquam*, die die links angegebene Form ersetzen könnte:

dominam	1. quisquam	2. quemquam	3. cuiquam
manui	1. cuiquam	2. quoquam	3. quemquam
oculus	1. quidquam	2. cuiusquam	3. quisquam
bellum	1. cuiusquam	2. quidquam	3. quoquam
rei	1. quemquam	2. quisquam	3. cuiusquam
nave	1. quoquam	2. cuiquam	3. quidquam

Wenn du insgesamt mehr als eine Form falsch unterstrichen hast, bearbeite die Übung 2 auf S. 67.

3. a Erkennst du die Textsorte?

Zu welcher Gattung gehört der folgende Text? Begründe deine Entscheidung.

1 regio, -onis f.
Gegend

2 sexus, -us m.
Geschlecht

3 incedere, incedo
umherlaufen

4 nudus, -a, -um
nackt

5 disponere, dispono,
disposui, dispositum
anordnen

6 coma, -ae f.
Haar

7 niger, nigra, nigrum
schwarz

8 incessus, -us m.
Gang

9 agilis, -e
beweglich

10 liberalis, -e
hier: vornehm

11 facies, -ei f.
Gesicht

12 destruere, destruo
zerstören

13 perforare
durchbohren

In illa regione[1] omnes utriusque sexus[2] incedunt[3] nudi[4]. Corpora enim habent magna, bene disposita[5]. Habent et comam[6] amplam et nigram[7]. Sunt in incessu[8] et ludis agiles[9] et liberales[10] atque pulchra facie[11]. Quam tamen ipsi sibi destruunt[12]. Perforant[13] enim sibi aures.
(nach Vespucci, Mundus Novus 5 mit Auslassungen)

_____

_____

_____

_____

> Wenn du die Gattung des Textes nicht richtig erkannt hast, bearbeite die Übung 3 a auf S. 68.

3. b Vergiss uns nicht: Pronomen und Partizipialkonstruktionen

1 nobilis, -e
edel, vornehm, adelig

2 undique
von allen Seiten

3 natura, -ae f.
Natur

Orgetorix apud Helvetios longe nobilissimus[1] et divitissimus fuit. Qui cupiditate regni adductus civitati persuasit, ut de finibus suis cum omnibus copiis exirent. Id hoc facilius iis persuasit, quod Helvetii undique[2] natura[3] loci continentur. His rebus adducti et auctoritate Orgetorigis permoti constituerunt ea, quae ad proficiscendum pertinerent, comparare.
(nach Caes., Gall. 1, 2, 1 und 3/1, 3, 1)

1. Schreibe alle Pronomen aus dem Text heraus und nenne jeweils Grundform, Bedeutung und Funktion:

Pronomen	Grundform	Bedeutung	Funktion

> Wenn du bei mehr als einem Pronomen Probleme hattest, bearbeite die Übung 3 b.1 auf S. 68.

2. Unterstreiche und nummeriere alle Partizipialkonstruktionen im Text und entscheide dann, was für eine Partizipialkonstruktion (Abl. abs./PC), welches Zeitverhältnis (VZ/GZ/NZ) und welche Sinnrichtung vorliegt:

Nr.	Partizipialkonstruktion	Zeitverhältnis	Sinnrichtung
Wenn du bei mehr als einer Partizipialkonstruktion Probleme hattest, bearbeite die Übung 3 b.2 auf S. 69.			

Lektion 34

1. Ordne dem lateinischen Wort jeweils seine deutsche Bedeutung zu:

A) ostendere
B) erudire
C) desiderium
D) incertus
E) sequi
F) plurimum
G) iungere
H) spiritus
I) priusquam
J) diligere

1) folgen
2) das/ein (Lebens)Alter
3) sehr viel
4) zeigen, darlegen
5) verbinden, vereinigen
6) (der) Atem; (das) Leben; (der) Geist
7) lieben, hochschätzen
8) zeugen; gebären; hervorbringen
9) unsicher, unschlüssig; ungewiss, unklar
10) bevor, ehe
11) (die) Sehnsucht, (das) Verlangen
12) ausbilden, unterrichten

> Wenn du von den Bedeutungen der zehn neuen Vokabeln mehr als zwei nicht genau zuordnen konntest, bearbeite die Übung 1 auf S. 69.

2. Erkennst du die Textsorte?

Zu welcher Gattung gehört der folgende Text? Begründe deine Entscheidung.

Pater eius Neocles[1] generosus[2] fuit. Is uxorem Acarnanam[3] civem duxit, ex qua natus est ille. Qui cum minus esset probatus parentibus, quod et liberius vivebat et rem familiarem[4] neglegebat, a patre exheredatus est[5]. Quae contumelia[6] non fregit[7] eum, sed erexit. Nam cum iudicavisset[8] sine summa industria non posse eam exstingui[9], totum se dedit rei publicae. (Nep., Them. 1, 2 und 3)

1 Neocles, Neoclis
Neokles

2 generosus, -a, -um
adelig, vornehm

3 Acarnanus, -a, -um
aus Akarnanien (griech. Landschaft zwischen Ätolien und Epirus)

4 res familiaris
Vermögen

5 exheredare
enterben

6 contumelia, -ae f.
Kränkung, Schmach

7 frangere, frango, fregi
(zer)brechen

8 iudicare
urteilen

9 exstinguere, exstinguo
(aus)löschen

_____

_____

_____

_____

_____

> Wenn du die Gattung des Textes nicht richtig erkannt hast, bearbeite die Übung 2 auf S. 69.

► Lösungen CD

Mein Training

Lektion 32

1. Silbensalat

Bei den lateinischen Wörtern sind die Silben nicht mehr in der richtigen Reihenfolge.
Stelle die Ordnung wieder her und finde dann jeweils die passende Bedeutung:

Silben	Richtiges Wort/Bedeutung	Bedeutungen
e – re – ce – du		a) die/eine Gewohnheit
sue – do – con – tu		b) zurückbleiben
an – quot – nis		c) überhaupt; gänzlich
ma – re – re – ne		d) unterbrechen; verstreichen lassen
be – pro – hi – re		e) (die) Landwirtschaft
tu – ri – ag – cul – ra		f) fernhalten von, abhalten; hindern
om – no – ni		g) jedes Jahr
mit – in – re – ter – te		h) herausführen

2. a Erkennst du die Textsorte?

Bei welchem Text handelt es sich um einen Rechenschaftsbericht?
Begründe deine Entscheidung.

A) Qua in re Caesar non solum publicas, sed etiam privatas iniurias[1] ultus est[2].
   (Caes., Gall. 1, 12, 7)
B) Thais habet nigros[3], niveos[4] Laecania dentes[5].
   Quae ratio est? Emptos haec habet, illa suos.
   (Mart. 5, 43)

_____

_____

1 iniuria, -ae f.
Unrecht, Beleidigung

2 ulcisci, ulciscor,
ultus sum
rächen, ahnden

3 niger, nigra, nigrum
schwarz

4 niveus, -a, -um
(schnee)weiß

5 dens, dentis m.
Zahn

2. b Gaius meint, die indirekte Rede sei kein Problem. Was meinst du?

Ariovistus respondit: non se Gallis, sed Gallos sibi bellum intulisse; omnes Galliae civitates
ad se oppugnandum venisse ac contra se castra habuisse; eas omnes copias uno a se proelio
pulsas ac superatas esse.
(nach Caes., Gall. 1, 44, 3)

1. Unterstreiche alle Sätze der indirekten Rede, die in der direkten Rede Hauptsätze wären.

2. Schreibe alle Reflexiv- und Demonstrativpronomen aus dem Text heraus und entscheide
dann aus dem Kontext, wer damit jeweils gemeint ist:

Pronomen	Bezugswort

Lektion 33

1. Vokabelrätsel

Setze die passenden Vokabeln aus Lektion 33 und ihre Bedeutungen in die Lücken ein:

soror – poena – senectus – convivium – vitium – sanguis – commodum – secretum

	Vokabel	Bedeutung
1. Etwas, das man lieber für sich behält:		
2. Dazu lädt man seine Freunde ein:		
3. Das bekommt man für ein Vergehen:		
4. Die rote Flüssigkeit im Körper:		
5. Das Gegenteil von Jugend:		
6. Nicht Bruder, sondern:		
7. Das Gegenteil von Nachteil:		
8. Etwas, das falsch ist:		

2. Partnersuche

Verbinde jede Form von *quisquam* mit der Form, die sie ersetzen könnte:

cuiusquam	aqua
quisquam	senatoris
cuiquam	foedus
quemquam	voci
quoquam	cupiditate
quidquam	puellam

✒ **3. a Erkennst du die Textsorte?**

Bei welchem Text handelt es sich um eine ethnographische Darstellung? Begründe deine Entscheidung.

A) Et cum has crudelitates rex Antiochus exerceret, quidam adulescens dives valde, genere Tyrius[1], nomine Apollonius, navigans pervenit ad Antiochiam, ingressusque[2] ad regem ita eum salutavit: „Ave, domine rex Antioche!"
(nach Hist. Apoll. 4)

B) Qui proximos[3] incolant saltus[4], plenos elephantorum[5] bestiarumque et serpentium[6] omni genere, Canarios[7] appellari.
(nach Plin., Nat. 5, 15)

1 Tyrius, -i m.
  Tyrier

2 ingredi, ingredior,
  ingressus sum
  eintreten, treten zu

3 proximus, -a, -um
  der nächste

4 saltus, -us m.
  Wald

5 elephantus, -i m.
  Elefant

6 serpens, -ntis m./f.
  Schlange

7 Canarii, -orum m.
  Kanarier (Bewohner der
  Kanarischen Inseln)

3. b Vergiss uns nicht: Pronomen und Partizipialkonstruktionen

Caesar ex castris equitatum[1] educi iubet, proelium equestre[2] committit: laborantibus iam suis Germanos[3] equites[4] circiter[5] CCCC submittit[6], quos ab initio habere secum constituerat. Eorum impetum Galli sustinere non potuerunt atque in fugam versi multis amissis se ad exercitum receperunt. Quibus superatis rursus oppidani[7] perterriti se[8] Caesari dediderunt[8].
(nach Caes., Gall. 7, 13)

1 equitatus, -us m.
  Reiterei

2 equester, equestris,
  equestre
  Reiter-

3 Germanus, -a, -um
  germanisch

4 eques, equitis m.
  Reiter

5 circiter (Adv.)
  ungefähr

6 submittere, submitto
  zu Hilfe schicken

7 oppidanus, -i m.
  Stadtbewohner

8 se dedere, dedo,
  dedidi
  sich ergeben

1. Schreibe alle Pronomen aus dem Text heraus und nenne jeweils Grundform, Bedeutung und Funktion:

Pronomen	Grundform	Bedeutung	Funktion

2. Unterstreiche und nummeriere alle Partizipialkonstruktionen im Text und entscheide dann, was für eine Partizipialkonstruktion (Abl. abs./PC), welches Zeitverhältnis (VZ/GZ/NZ) und welche Sinnrichtung vorliegt:

Nr.	Partizipialkonstruktion	Zeitverhältnis	Sinnrichtung

Lektion 34

1. Kreuzworträtsel

Setze die Bedeutung ein, die zur vorgegebenen Vokabel und der angegebenen Kästchenanzahl passt (Umlaute gelten als ein Buchstabe):

senkrecht:
1. videlicet
2. diligere
3. querella
4. opera

waagerecht:
5. incertus
6. nepos
7. nobilitas
8. honestas

2. Erkennst du die Textsorte?

Bei welchem Text handelt es sich um eine Biographie? Begründe deine Entscheidung.

A) Hoc maxime convenire in Alcibiadem videbatur, quod et potentior et maior quam privatus putabatur.
(nach Nep., Alc. 3, 4)

B) Quamdiu[1] ego trans[2] Padum[3], tu in Piceno[4], minus te requirebam[5]; postquam[6] ego in urbe, tu adhuc in Piceno[4], multo magis.
(Plin., Epist. 6, 1)

1 quamdiu
solange

2 trans (mit Akk.)
jenseits

3 Padus, -i m.
der Po (Fluss in Ober-
italien)

4 Picenum, -i n.
Picenum (Landschaft in
Mittelitalien)

5 requirere, requiro
vermissen

6 postquam
hier: seit

► Lösungen CD

Mein Test

Nun solltest du erkennen können, ob du auf dem Stand des Wissens bist.

Lektion 32

1. Vokabeltest

Gib alle Bedeutungen der folgenden neuen Vokabeln an:

emere		Wenn du mehr als zwei Bedeutungen nicht genau angeben konntest, bearbeite die Übung 1 auf S. 66.
nasci		
immanis		
remanere		
exercitatio		
pergere		
multum		
contingit		
reliquus		
domi		

2. a Erkennst du die Textsorte?

Bei welchem Text handelt es sich um einen Rechenschaftsbericht?
Begründe deine Entscheidung.

A) Quid multa? Dies supervenit[1] nuptiarum[2], omnes laeti in unum conveniunt. Gaudet rex cum filia, gaudet et Tyrius[3] Apollonius, qui talem meruit[4] habere coniugem.
(Hist. Apoll. 23 mit Auslassung)

B) His de causis, quas commemoravi, Rhenum[5] transire decreveram. Sed navibus transire neque satis tutum esse arbitrabar neque meae neque populi Romani dignitatis esse constituebam.
(nach Caes., Gall. 4, 17, 1)

1 supervenire (heran)kommen, anbrechen

2 nuptiae, -arum f. Hochzeit

3 Tyrius, -i m. Tyrier

4 merere, mereo, merui verdienen

5 Rhenus, -i m. Rhein

_____

_____

_____

> Wenn du die Gattung des Textes nicht richtig erkannt hast, bearbeite die Übung 2 a auf S. 66.

2. b Gaius meint, die indirekte Rede sei kein Problem. Was meinst du?

1 denuntiare verkünden

2 iniuria, -ae f. Unrecht, Übergriff

3 congredi kämpfen

4 invictus, -a, -um unbesiegt

5 exercitatus, -a, -um geübt

6 tectum non subire kein Dach über dem Kopf haben

Ariovistus respondit: quod sibi Caesar denuntiaret[1] se Haeduorum iniurias[2] non neglecturum, neminem secum sine sua pernicie contendisse. Cum vellet, congrederetur[3]: intellecturum, quid invicti[4] Germani, exercitatissimi[5] in armis, qui inter annos XIIII tectum non subissent[6], virtute possent.
(nach Caes., Gall. 1, 36, 6 und 7)

1. Unterstreiche alle Sätze der indirekten Rede, die in der direkten Rede Hauptsätze wären.

Wenn du mehr als einen Hauptsatz nicht erkannt hast, bearbeite die Übung 2 b.1 auf S. 66.

2. Schreibe alle Reflexivpronomen aus dem Text heraus und entscheide dann aus dem Kontext heraus, wer damit jeweils gemeint ist:

Reflexivpronomen	Bezugswort

Wenn du bei mehr als einem Reflexivpronomen Probleme hattest, bearbeite die Übung 2 b.2 auf S. 67.

Lektion 33

1. Vokabeltest

Gib die Bedeutungen der folgenden neuen Vokabeln an:

permittere		Wenn du mehr als zwei Bedeutungen nicht genau angeben konntest, bearbeite die Übung 1 auf S. 67.
ullus		
poena		
consuetudo		
quisquis		
praesens		
ultra		
corrumpere		
quisquam, quicquam		
quanto … tanto		

2. Das *quisquam*-Quiz

Die Form *quisquam* hat jeweils die erste Worthälfte verloren. Vervollständige die Formen mithilfe der Worthälften aus dem Wortspeicher so, dass sie in Kasus, Numerus und Genus das jeweilige Substantiv ersetzen könnten:

cui-   cuius-   quem-   quid-   quis-   quo-

1. _____quam	spatium
2. _____quam	virgini
3. _____quam	sole

4. _____quam	litoris
5. _____quam	vicinum
6. _____quam	pagus

Wenn du insgesamt mehr als eine Form falsch vervollständigt hast, bearbeite die Übung 2 auf S. 67.

3. a Erkennst du die Textsorte?

Bei welchem Text handelt es sich um eine ethnographische Darstellung? Begründe deine Entscheidung.

A) Frumenta ceterosque[1] fructus patientius[2] laborant. Sed et mare scrutantur[3], ac soli omnium sucinum[4], quod ipsi glesum[5] vocant, inter vada[6] atque in ipso litore legunt. (Tac., Germ. 45 mit Auslassungen)

B) Tua quidem pietas[7], imperator sanctissime, optaverat, ut quam tardissime[8] succederes[9] patri; sed dei immortales festinaverunt[10] virtutes tuas ad gubernacula[11] rei publicae, quam susceperas, adducere. (Plin., Epist. 10, 1)

_____

_____

_____

Wenn du die Gattung des Textes nicht richtig erkannt hast, bearbeite die Übung 3 a auf S. 68.

1 ceteri, -ae, -a die übrigen
2 patienter (Adv.) geduldig, ausdauernd
3 scrutari durchsuchen
4 sucinum, -i n. Bernstein
5 glesum, -i n. Bernstein
6 vadum, -i n. Untiefe, seichtes Wasser
7 pietas, -atis f. hier: Liebe
8 tardus, -a, -um langsam; hier: spät
9 succedere, succedo nachfolgen
10 festinare sich beeilen
11 gubernaculum, -i n. Steuerruder; Leitung

3. b Vergiss uns nicht: Pronomen und Partizipialkonstruktionen

M. Cato, censor[1] cum eodem Flacco factus, severe praefuit ei potestati. Nam in complures[2] nobiles[3] animadvertit et multas res novas in edictum[4] addidit, ut luxuria reprimeretur[5], quae iam tum incipiebat crescere. A multis temptatus non modo nullum detrimentum[6] existimationis[7] fecit, sed, quoad[8] vixit, virtutum laude crevit. (nach Nep., Cato 2, 3/4)

1 censor, -oris m. Zensor
2 complures, -a mehrere
3 nobilis, -e edel, vornehm, adelig
4 edictum, -i n. Erlass
5 reprimere, reprimo zurückdrängen
6 detrimentum, -i n. Schaden
7 existimatio, -onis f. Ruf, guter Name
8 quoad solange

1. Schreibe alle Pronomen aus dem Text heraus und nenne jeweils Grundform, Bedeutung und Funktion:

Pronomen	Grundform	Bedeutung	Funktion

Wenn du bei mehr als einem Pronomen Probleme hattest, bearbeite die Übung 3 b.1 auf S. 68.

2. Unterstreiche und nummeriere alle Partizipialkonstruktionen im Text und entscheide dann, was für eine Partizipialkonstruktion (Abl. abs./PC), welches Zeitverhältnis (VZ/GZ/NZ) und welche Sinnrichtung vorliegt:

Nr.	Partizipialkonstruktion	Zeitverhältnis	Sinnrichtung

Wenn du bei mehr als einer Partizipialkonstruktion Probleme hattest, bearbeite die Übung 3 b.2 auf S. 69.

Lektion 34

1. Vokabeltest

Gib alle Bedeutungen der folgenden neuen Vokabeln an:

instituere	
viginti	
domi	
praeficere	
uxorem ducere	
documentum	
pietas	
repudiare	
aetas	
carere	

Wenn du mehr als zwei Bedeutungen nicht genau angeben konntest, bearbeite die Übung 1 auf S. 69.

2. Erkennst du die Textsorte?

Bei welchem Text handelt es sich um eine Biographie? Begründe deine Entscheidung.

A) Et haec dicens puella venit ad patrem suum, cui sic ait: „Care[1] pater, laetus es et gaude, quia saevissimus[2] rex Antiochus a deo percussus est[3].“
   (nach Hist. Apoll. 24)
B) At ille, postquam audivit vicisse Boeotios[4], „satis“, inquit, „vixi: invictus[5] enim morior.“
   (nach Nep., Epam. 9, 3/4)

1 carus, -a, -um
lieb

2 saevus, -a, -um
schrecklich

3 percutere, percutio, percussi, percussum
töten

4 Boeotii, -orum m.
die Böotier

5 invictus, -a, -um
unbesiegt

_____

_____

_____

Wenn du die Gattung des Textes nicht richtig erkannt hast, bearbeite die Übung 2 auf S. 69.

Zusammenfassende Übungen: Deklinationen

▶ Lösungen CD ## Was ich schon kann

> Hier geht es darum festzustellen, ob du die Deklinationen sicher genug beherrschst.
> Wenn du die folgenden Aufgaben löst, erkennst du genau, was du schon kannst und was
> du noch üben musst. Arbeite dann die angegebenen Übungen durch. Der Test am Ende der
> Wiederholungseinheit auf S. 77/78 verrät dir, ob du beim Üben schon erfolgreich warst.
> Wenn du schon alles kannst, kannst du auch gleich zum Test gehen.

1. a Nominal oder verbal?

Unterstreiche alle Wörter, die dekliniert sind:

adeo – aegroto – addo – atrio – attenti – aspexi – cessi – civi – cures – depones – dulces –
dies – finis – foederis – gentes – geris – grandis – gratis – gravia – hominis – horis – imperia –
implora – invita – irem – item – itinera – laborem – legem – liberem – paream – patriam

> Wenn du von den Wörtern mehr als zwei nicht richtig unterstreichen konntest, bearbeite die
> Übung 1 auf S. 75.

1. b Unterstreiche jeweils die Form, die dem Substantiv in KNG entspricht:

hospite	fere – laeto – ipse	Wenn du mehr als eine Form falsch unterstrichen hast, bearbeite die Übung 3 a/b auf S. 76/77.
lege	irride – irate – omni	
virtuti	uni – tertii – summo	
socii	secundo – omnis – uni	
regna	ingentes – ingenti – ingentia	
ripa	primae – obscuro – superiore	

2. Die Grundform ist entscheidend

Notiere zu allen Wörtern die Form, unter der du das Wort im Vokabelverzeichnis findest, und
gib dann die Deklination an:

	Grundform	Deklination	Wenn du von den Wörtern mehr als zwei nicht genau bestimmen konntest, bearbeite die Übung 2 auf S. 76.
libertati			
otii			
causis			
legatis			
cupiditatis			

sumptui			
nullius			
pedibus			
fidei			
numerorum			

ⓓ ⓕ 3. Was ist los?

Überlege, ob die unterstrichenen Wörter in der Verbindung eine Verbform oder eine Nominalform sind:

	Verb	Nomen	Wenn du von den Wörtern mehr als zwei nicht genau bestimmen konntest, bearbeite die Übung 2 auf S. 76.
1. Templum amplum est.			
2. Omnes iucundam naturam[1] regis laudant.			
3. Pater animo bono annum novum incipit.			
4. Mores parentum non neglego.			
5. Manus tuis manibus iungam[2].			
6. Vivo secundum naturam[1].			
7. Numquam villam amplam incolui.			
8. Initium belli ignoro.			

1 natura, -ae f. die/eine Natur, das/ein Wesen, die/eine Sinnesart

2 iungere, iungo verbinden, vereinigen

Mein Training

▸ Lösungen CD

ⓕ 1. Ohne Bestimmung geht es nicht!

Bestimme alle Wörter nach KNG (achte auf mehrdeutige Bestimmungen), gib die Grundform an und nenne die Deklination:

	Bestimmung	Grundform	Deklination
pecora			
pontibus			
occasioni			
inferi			
rationibus			
fructui			
nulli			
ingenti			
potestati			
generi			

2. Ohne Überlegung geht es nicht!

Bestimme jeweils die
unterstrichenen Wörter,
gib ihre Grundform und
die passende Bedeutung an:

	Grundform	Bedeutung
1. Romani verba <u>ducis</u> audiunt.		
2. „Caesar, bene nos <u>ducis</u>."		
3. Bene amicos et amicas <u>curas</u>.		
4. <u>Curas</u> militum non neglegis.		
5. <u>Arma</u> militum parata sunt.		
6. „<u>Arma</u> te contra hostes!"		

Überlege, wodurch du in einem Text Tipps erhältst, die dir bei
der Entscheidung, welche Form vorliegt, helfen:

_____

_____

_____

_____

3. a Pärchen gesucht

Notiere sinnvolle Wortpaare, die nach KNG kongruieren. Achtung, es gibt oft mehrere Möglichkeiten.

		Wortpaare
patri – matri – operi – rei – exercitui – patres – matres – res – opera	laetae – bono – publicae – magno – Romano – fortes – graves – boni – Romani – magna	

3. b Ordnung muss sein!

Mache dir Übersichten, was häufige, sehr mehrdeutige Endungen alles signalisieren können:

mögl. Endungen	Deklination	Kasus/Numerus/Genus
-i		
-o		
-is		
-a		

Mein Test

► Lösungen CD

Nun solltest du erkennen können, ob du auf dem Stand des Wissens bist.

1. a Nominal oder verbal?

Unterstreiche alle Wörter, die dekliniert sind:

metuo – marito – medico – minuo – mensi – mercatori – merci – militi – mittes – mones – mores – mortales – muris – nostris – nubis – occidis – omnia – opta – opera – ora – ordinem – ornarem – partem – perturbem – portam – ponam

> Wenn du von den Wörtern mehr als zwei nicht richtig unterstreichen konntest, bearbeite die Übung 2 auf S. 76.

1. b Passt es oder passt es nicht?

Unterstreiche die Wörter, mit denen man die Formen *boni* (rot), *bono* (gelb) und *bona* (grün) des Adjektivs *bonus, -a, -um* verbinden kann:

regis – res – ripam – regno – robora – responsa – salutes – seditio – servitute – servo – salve – specie – tauri – tempestati – terra – tergum

> Wenn du von den Wörtern mehr als zwei nicht richtig zuordnen konntest, bearbeite die Übung 3 a/b auf S. 76/77.

2. Die Grundform ist entscheidend

Notiere zu allen Substantiven die Form, unter der du das Wort im Vokabelverzeichnis findest, und gib dann die Deklination an:

	Grundform	Deklination	Wenn du von den Wörtern mehr als zwei nicht genau zuordnen konntest, bearbeite die Übungen 1 und 2 auf S. 75/76.
cladibus			
generum			
pecora			
puerum			
rerum			
salutem			
signa			
libros			
initia			
sortis			
lapides			
soli			
tecta			

3. Was ist los?

Überlege, ob die unterstrichenen Wörter in der Verbindung eine Verbform oder eine Nominalform sind, und kreuze entsprechend an:

	Verb	Nomen	Wenn du von den Wörtern mehr als zwei nicht genau bestimmen konntest, bearbeite die Übung 2 auf S. 76.
1. Signa similia sunt.			
2. Tempta semper cogitare!			
3. Milites, servate memoriam veteris virtutis!			
4. Statim veniam.			
5. a Vivis vitam felicem.			
5. b Vivis vitam felicem.			

Zusammenfassende Übungen: Konjugationen

Was ich schon kann

▶ Lösungen CD

> Hier geht es darum festzustellen, ob du die Konjugationen sicher genug beherrschst. Wenn du die folgenden Aufgaben löst, erkennst du genau, was du schon kannst und was du noch üben musst. Arbeite dann die angegebenen Übungen durch. Der Test am Ende der Wiederholungseinheit auf S. 81/82 verrät dir, ob du beim Üben schon erfolgreich warst. Wenn du schon alles kannst, kannst du auch gleich zum Test gehen.

1. Wo ist das Verb?

Unterstreiche alle Verbformen:

aggredi – exi – navi – armo – ambo – libertas – apportas – artis – agis – iuvenis – lego – legio – timor – precor – pede – perde – mare – dare – naviga – littera

> Wenn du mehr als drei Verbformen nicht gefunden hast, bearbeite die Übungen 1 und 2 auf S. 80/81.

2. Irrläufer

Welches Wort passt der Bestimmung nach nicht zu den anderen? Begründe deine Wahl.

Formen	Irrläufer	Begründung
habitabit – dabit – scribit – suscipiet		
dabas – vocabas – probas – sperabas		
egi – consului – gessi – casui		
promitto – contento – peto – verto		
timor – feror – patior – moneor		
missis – mensis – defensis – raptis		
Wenn du mehr als zwei Fehler gemacht hast, bearbeite die Übung 3 auf S. 81.		

3. Die wichtige Grundform

Notiere zu allen Wörtern die Form, unter der du das Wort im Vokabelverzeichnis findest, und gib dann die Konjugation an:

	Grundform	Konjugation	Wenn du mehr als zwei Fehler gemacht hast, bearbeite die Übung 3 auf S. 81.
tangunt			
hortor			
capti sumus			
monuissemus			
audietis			
agentes			

4. Indikativ gesucht

Unterstreiche jeweils die entsprechende Indikativform:

Konjunktiv	Indikativ	Wenn du mehr als eine Indikativform falsch unterstrichen hast, bearbeite die Übung 4 auf S. 81.
Beispiel: laudavisset	<u>laudaverat</u>/laudabat	
essemus	fueramus/eramus	
ceperitis	ceperatis/cepistis	
gerant	gerunt/gerent	
illatae simus	inferamus/illatae sumus	
issem	ieram/ierim	

► Lösungen CD

Mein Training

1. Sortiere die Formen nach Verb- und Substantivformen. Wo ist beides möglich?

arma – itinere – amor – viola – domui – duc – consilio – capite – erroris – monitus – fers – labor

Verb	Substantiv	Beides

2. Verbschlange

Welche Verbformen kannst du erkennen? Unterstreiche sie:

occasionemeampestraximedicinamultitudinestiscopiamittamicis

3. Die wichtige Bestimmung

Bestimme alle Wörter, gib ihre Grundform an und nenne die Konjugation:

	Bestimmung	Grundform	Konjugation
persequetur			
sustulissetis			
raperemus			
inventi erunt			
patere			
saluter			

4. Eine Frage der Farbe

Markiere alle Indikativformen mit Blau und alle Konjunktivformen mit Rot:

1. Romani magno cum gaudio Constantinum imperatorem susceperunt.
2. Cum Graeci Troiam capere non possent, ratione usi sunt.
3. Iratus essem, nisi venires.
4. Romani timuerunt, ne Hannibal iterum bellum pararet.
5. Scimus, quid Caesar fecerit.
6. Troiani equum ligneum[1] in urbem duxerunt, ut donum Graecorum viderent.

1 ligneus, -a, -um
hölzern

Mein Test

► Lösungen CD

Nun solltest du erkennen können, ob du auf dem Stand des Wissens bist.

1. Wo ist das Verb?

Unterstreiche alle Verbformen:

auro – augeo – claro – clamo – aperimus – domus – demus – fortis – fertis – hospitis – it –
ei – laudi – laeto – laudo – legio – lego – igitur – agitur – inferi

> Wenn du mehr als drei Verben nicht gefunden hast, bearbeite die Übungen 1 und 2 auf
> S. 80/81.

2. Bring Ordnung in das Chaos!

Sortiere die Wörter in die richtige Tabellenspalte ein:

petas – pacas – nubas – conspiceremus – consequemini – rapite – regunt – audietis – hortor – laudet – vererer – veniamus

a-Konjug.	e-Konjug.	i-Konjug.	kons. Konjug.	kurz-i-Konjug.

Wenn du von den Wörtern mehr als zwei nicht genau einsortieren konntest, bearbeite die Übung 3 auf S. 81.

3. Wer passt zu wem?

Bilde gemäß den Vorgaben Paare aus den angegebenen Verbformen:

cecidisses – capiebar – vidit – duc – eratis – nolet – stetis – fuero – patimini – movet – facitis – feras – deleberis – ii

1. Beide gehören zur kurz-i-Konjugation:	
2. Beide sind Formen von *esse*:	
3. Beide sind Imperative:	
4. Beide sind Indikativ Perfekt Aktiv:	
5. Beide sind Konjunktiv Präsens:	
6. Beide sind Futur I:	

Wenn du von den Wörtern mehr als zwei nicht genau zuordnen konntest, bearbeite die Übung 3 auf S. 81.

4. Ergänze die fehlenden Tempora in den passenden Formen:

Präsens	Perfekt	Plquperf.	Imperfekt	Futur I	Futur II
Beispiel: doces	docuisti	docueras	**docebas**	docebis	docueris
	gessimus				
agant					
					locuta ero
		adiuvisset			
				ibitis	

Wenn du von den Formen mehr als zwei nicht ergänzen konntest, bearbeite die Übung 4 auf S. 81.

Zusammenfassende Übungen: AcI und NcI

Was ich schon kann

▸ Lösungen CD

> Hier geht es darum festzustellen, ob du AcI und NcI sicher genug beherrschst.
> Wenn du die folgenden Aufgaben löst, erkennst du genau, was du schon kannst und was du noch üben musst. Arbeite dann die angegebenen Übungen durch. Der Test am Ende der Wiederholungseinheit auf S. 89–91 verrät dir, ob du beim Üben schon erfolgreich warst.
> Wenn du schon alles kannst, kannst du auch gleich zum Test gehen.

1. In Form?

a   Unterstreiche die Formen im Akkusativ:

utilitatem – utrum – tempestates – tecta – sapientem – saeculum – partes – planum – proeliorum – lauda – magistros – eas – se – iterum – familiam – diligens – arcuum – aciem – captivos – caput – capiam

b   Unterstreiche die Formen im Infinitiv:

transgredere – barbare – cessi – comparari – contulisse – credi – diligentissime – disputatum esse – descendisse – duci – foedere – mirari – neglectos esse – mercatore – acturos esse – auctore – fore

> Wenn du mehr als zwei Formen nicht richtig unterstrichen hast, bearbeite die Übung 1 a/b auf S. 86.

2. Täter und Aktion

Unterstreiche bei folgenden AcI-Konstruktionen den Subjektsakkusativ (= Täter) und den Prädikatsinfinitiv (= Aktion):

1. Discipuli Ciceronem libros de re publica regenda scripsisse sciunt.
2. Cicero tempora mutari miratus est.
3. Livius[1] Poenos a Romanis victos esse in libris suis scripsit.
4. Is alias gentes aliquando imperium Romanum subiecturas et deleturas esse non sciebat.
5. Martialis poeta[2] se ex Hispania[3] Romam venisse narravit.
6. Apud Martialem legimus Bilbilem[4] equis celerrimis claram fuisse et gentes Hispaniae[3] togas[5] Romanas odisse.
7. Eum poetam[2] in urbe Roma maximis cum gaudiis vitam egisse scimus.

> Wenn du mehr als zwei Formen nicht richtig unterstrichen hast, bearbeite die Übung 5 auf S. 88.

1 Livius, -i
Livius (römischer Historiker, 59 v.–17 n. Chr.)

2 poeta, -ae m.
der/ein Dichter

3 Hispania, -ae f.
Spanien

4 Bilbilis, -is
Bilbilis (Stadt in Spanien)

5 toga, -ae f.
die/eine Toga (röm. Kleidungsstück)

3. Die folgenden Sätze enthalten jeweils einen NcI.
Kreuze bei jedem Beispielsatz die passende Übersetzung an:

1. Cicero orator bonus fuisse dicitur.

   a) Cicero ist ein guter Redner gewesen. ☐

   b) Cicero soll ein guter Redner gewesen sein. ☐

   c) Der gute Redner Cicero soll gelebt haben. ☐

2. Cicero semper laboravisse videtur.

   a) Cicero scheint ständig gearbeitet zu haben. ☐

   b) Cicero scheint ständig zu arbeiten. ☐

   c) Cicero hat viel gearbeitet und viel gesehen. ☐

3. Multi auctores Romani fabulam de Romulo et Remo rettulisse traduntur[1].

   a) Viele römische Schriftsteller unterhielten sich und schrieben über die Sage von Romulus und Remus. ☐

   b) Viele römische Schriftsteller schrieben – so berichtet uns die Überlieferung – über die Sage von Romulus und Remus. ☐

   c) Viele römische Schriftsteller schrieben über die Sage von Romulus und Remus. ☐

1 traduntur (Pl., mit NcI) es wird überliefert

> Wenn du mehr als einmal nicht richtig angekreuzt hast, bearbeite die Übung 3 auf S. 87.

4. Zeitverhältnisse – dein Fachwissen ist gefragt

Entscheide dich für die richtige Form zur vorgegebenen Übersetzung und ergänze die Lücke:

1. Es steht fest, dass Cicero ein Mann von großer Intelligenz war.

   Constat Ciceronem virum magno animo _____ (esse/fuisse/futurum esse).

2. Laktanz überliefert, dass Maxentius ein Zeichen gesendet worden ist.

   Lactantius[1] Maxentio oraculum _____ (dare/dedisse/dari/datum esse/ daturum esse) tradit[2].

1 Lactantius, -i Laktanz (christlicher römischer Schiftsteller; Zeitgenosse des Kaisers Konstantin)

2 tradere, trado überliefern

3. In den Sibyllinischen Büchern fand man die Vorhersage, dass die Feinde siegen werden.

   In libris Sibyllinis hostes _____ (vincere/vinci/vici/victos esse/victuros esse) repertum est.

4. Weder Cicero noch Caesar konnten wissen, dass Augustus einmal das Römische Reich regieren würde.

   Neque Caesar neque Cicero Augustum imperium Romanum _____ (regere/regi/rexisse/rectum esse/recturum esse) sciebant.

5. Cicero glaubte, er habe den Staat gerettet.

   Cicero se rem publicam _____ (servare/servari/servavisse/servatam esse/ servaturum esse) putabat.

> Wenn du mehr als zwei Antworten nicht richtig geben konntest, bearbeite die Übungen 2, 4 und 5 auf S. 86/87 und 88.

5. Sicher in der indirekten Rede – sicher im AcI?

Kreuze aus den vorgegebenen Übersetzungsvorschlägen die richtigen an:

1. Livius[1] in libris suis urbem Romam a Romulo et Remo conditam esse scripsit.

   Livius schrieb in seinen Büchern,

   a) dass Rom von Romulus und Remus gegründet werde.

   b) dass Rom von Romulus und Remus gegründet worden sei.

   c) dass Rom von Romulus und Remus gegründet wird.

2.1 Livius[1] in suis libris Hannibalem ducem magna audacia fuisse narrat …

   Livius erzählt in seinen Büchern,

   a) dass Hannibal eine Führungspersönlichkeit von großartigem Mut sei …

   b) dass Hannibal eine Führungspersönlichkeit von großartigem Mut gewesen sei …

   c) dass Hannibal eine Führungspersönlichkeit von großartigem Mut ist …

2.2 … et primum in proelium isse et ultimum excessisse.

   a) … und er sei als Erster in die Schlacht gegangen und als Letzter heraus.

   b) … und dass er als Erster in die Schlacht gegangen sei und sie als Letzter verlassen habe.

   c) … und er würde als Erster in die Schlacht gehen und als Letzter heraus.

3. Hannibal puer se hostem Romanorum fore iuravit[2].

   Hannibal schwor als kleiner Junge,

   a) dass er ein Feind der Römer war.

   b) dass er ein Feind der Römer ist.

   c) dass er ein Feind der Römer sein werde.

4. Sunt auctores, qui Hannibalem clementia inter multos viros potentes praestitisse dicant.

   Es gibt Schriftsteller, die sagen,

   a) Hannibal habe viele mächtige Männer an Milde übertroffen.

   b) dass Hannibal viele mächtige Männer an Milde übertroffen hat.

   c) Hannibal übertreffe viele mächtige Männer an Milde.

Wenn du mehr als zwei Übersetzungen nicht richtig angekreuzt hast, bearbeite die Übung 2 auf S. 86/87.

1 Livius, -i
Livius (römischer Historiker, 59 v.–17 n. Chr.)

2 iurare schwören

▶ Lösungen CD   # Mein Training

⊘ 1. a Ordne folgende Formen den entsprechenden Spalten zu:

causam – agrorum – beneficia – aquas – cives – colendum – civitatum – ducis – fierem –
exempla – hora – inimicos – genus – catulus – morbus – foedus – murum – mulieres –
regnum – solem – sortes

Akkusativ Singular	Akkusativ Plural	Kein Akkusativ

⊘ 1. b Ordne folgende Infinitive den entsprechenden Spalten zu:

auferre – mitti – liberatum esse – mansisse – placere – occupaturos esse – provideri –
speravisse – conferri – promissos esse – credituram esse

Infinitiv Präs. Akt.	Infinitiv Präs. Pass.	Infinitiv Perf. Akt.	Infinitiv Perf. Pass.	Infinitiv Fut. Akt.

⊘ 2. Vorher? Nachher? Zugleich?

Überlege, welches Zeitverhältnis der Infinitiv im AcI zum Ausdruck bringt, und kreuze an:

1 pastor, -oris m.
der/ein Hirte

1. Faustulum pastorem[1] animalia sua ad ripam duxisse fama est, cum Romulum et Remum repperit.

   ☐ Gleichzeitigkeit   ☐ Vorzeitigkeit   ☐ Nachzeitigkeit

2 Livius, -i
Livius (römischer Historiker, 59 v.–17 n. Chr.)

3 fratres gemini
(die) Zwillingsbrüder

2. Apud Livium[2] legimus fratres geminos[3] de novae urbis nomine certavisse.

   ☐ Gleichzeitigkeit   ☐ Vorzeitigkeit   ☐ Nachzeitigkeit

4 certamen, -minis n.
der/ein Streit

3. Livius[2] Remum in eo certamine[4] cecidisse narrat.

   ☐ Gleichzeitigkeit   ☐ Vorzeitigkeit   ☐ Nachzeitigkeit

4. Nam fratrem irrideri non decuit.

☐ Gleichzeitigkeit ☐ Vorzeitigkeit ☐ Nachzeitigkeit

5. Romulus se insidias fratris metuere dixit.

☐ Gleichzeitigkeit ☐ Vorzeitigkeit ☐ Nachzeitigkeit

3. NcI – und wieder einmal ankreuzen

Kreuze jeweils die richtige Übersetzung an:

1. Dei auxiliati esse[1] creduntur.	1 auxiliari helfen
a) Den Göttern wird geglaubt, dass sie helfen. ☐	
b) Man glaubt, dass die Götter geholfen haben. ☐	
c) Götter glauben, dass sie helfen können. ☐	
2. Virgines Vestales ulli[2] homini nubere vetitae erant[3].	2 ullus, -a, -um; *Dat.:* ulli irgendein/e/s
a) Den Vestalinnen war verboten, einen Mann zu heiraten. ☐	3 vetare, veto, vetui, vetitum verbieten
b) Es war einem Mann verboten, eine der Vestalinnen zu heiraten. ☐	
c) Die Vestalinnen verbaten einem Mann zu heiraten. ☐	
3. Sabini a Romanis decepti esse[4] videntur.	4 decipere, decipio, decepi, deceptum täuschen
a) Die Sabiner schienen die Römer zu täuschen. ☐	
b) Die Sabiner sind allem Anschein nach von den Römern übers Ohr gehauen worden. ☐	
c) Die Sabiner schienen von den Römern getäuscht zu werden. ☐	
4. Pueri Romani linguam[5] Graecam didicisse[6] traditi sunt[7].	5 lingua, -ae f. die/eine Sprache
a) Die römischen Jungen überliefern, dass sie die griechische Sprache gelernt haben. ☐	6 discere, disco, didici lernen
b) Es ist überliefert, dass die römischen Jungen die griechische Sprache gelernt haben. ☐	7 tradere, trado, tradidi, traditum überliefern
c) Die Römer überlieferten, dass die griechischen Jungen die Sprache lernen. ☐	

4. Die Entscheidung liegt bei dir

Welche Übersetzung ist richtig, welche falsch? Setze jeweils ein Kreuzchen:

	Richtig	Falsch	
1. Apud Vergilium[1] Didonem ab Aenea relictam esse legimus.			1 Vergilius, -i Vergil (römischer Dichter, 70–19 v. Chr.)
Bei Vergil lesen wir, dass Dido von Aeneas verlassen wird.	☐	☐	
2. Cicero putabat se rem publicam servaturum esse.			
Cicero glaubte, er werde den Staat retten.	☐	☐	
3. Nero matrem suam interfecisse putatur.			
Man glaubt, dass Nero seine Mutter umgebracht hat.	☐	☐	

	Richtig	Falsch
4. Nero matrem suam interfecisse putatur. Nero hat – wie man sagt – seine Mutter umgebracht.		
5. Cicero se ab inimicis superari intellexit. Cicero erkannte, dass er von seinen Feinden besiegt wurde.		
6. Beata esse non videris. Du siehst nicht glücklich aus.		
7. Beata esse non videris. Es hat nicht den Anschein, dass du glücklich bist.		

📜 5. Bekannte lateinische Zitate in abgewandelter Form

Hier musst du zwei Überlegungen anstellen: Welches Zeitverhältnis kommt im deutschen Satz zum Ausdruck? Welcher lateinische Infinitiv muss eingesetzt werden, damit der lateinische Satz der deutschen Übersetzung entspricht?

	Zeitverhältnis
1. Wer schweigt, scheint zuzustimmen. Qui tacet, _____ (consentiri/consentire/ consensisse/consensus esse/consensurus esse) videtur.	
2. Bekanntlicherweise studiert ein voller Bauch nicht gern. Plenum ventrem[1] non _____ (studere/studuisse) libenter notum est.	
3. Von Cato heißt es, er habe die Römer oft ermahnt: „Im Übrigen meine ich, Karthago müsse zerstört werden." Cato saepe Romanos _____ (monere/moneri/ monuisse/monitus esse/monitos esse) dicitur: „Ceterum[2] censeo Carthaginem _____ (deleri/delere/deleturam esse/ delendam esse/delevisse/deleri)."	

[1] venter, ventris m. der/ein Bauch

[2] ceterum (Adv.) im Übrigen, übrigens

Mein Test

► Lösungen CD

Nun solltest du erkennen können, ob du auf dem Stand des Wissens bist.

1. Formentest

Sortiere folgende Formen in die Tabelle ein. Es bleiben Formen übrig.

multa – negotium – mulierem – iterum – irrisisse – laetos – liberari – eum – ea – id – missas esse – perventuros esse – praeterea – duci – premi – scripturam esse – sinere – sine – species – stabula – statua – videri – violatum esse

Inf. Präs. Akt./Pass.	Inf. Perf. Akt./Pass.	Inf. Fut. Akt.	Akk. Sg.	Akk. Pl.
Wenn du mehr als zwei Formen nicht richtig einsortieren konntest, bearbeite die Übung 1 a/b auf S. 86.				

2. Was passt zusammen?

Ordne den lateinischen Sätzen die deutschen Entsprechungen zu:

1. Karolus filios et filias liberalibus studiis[1] educavisse dicitur.		a) Bekanntlich befahl Karl seinen Söhnen, nach fränkischer Art zu reiten.
2. Karolum filios et filias liberalibus studiis[1] educavisse scimus.		b) Karl soll bei der Erziehung große Fürsorge für seine Söhne und Töchter bewiesen haben.
3. Karolus filios more Francorum equitare[2] exerceri[3] iussit.		c) Wir wissen, dass Karl seine Söhne und Töchter in den freien Künsten unterrichten ließ.
4. Karolum filios more Francorum equitare[2] iussisse constat.		d) Karl befahl, dass seine Söhne ein Training im Reiten nach fränkischer Art absolvierten.
5. Karolus filiorum ac filiarum magnam in educando curam habuit.		e) Karl bewies – wie wir wissen – bei der Erziehung große Fürsorge für seine Söhne und Töchter.
6. Karolus filiorum ac filiarum magnam in educando curam habuisse dicitur.		f) Karl bewies bei der Erziehung große Fürsorge für seine Söhne und Töchter.
7. Scimus Karolum filiorum ac filiarum magnam in educando curam habuisse.		g) Karl ließ angeblich seine Söhne und Töchter in den freien Künsten unterrichten.
Wenn du mehr als eine Zuordnung nicht finden konntest, bearbeite die Übungen 2, 3 und 4 auf S. 86 – 88.		

1 liberalia studia n. (die) freie(n) Künste

2 equitare reiten

3 exercere, exerceo üben

3. Der NcI hat es in sich

Kreuze je zwei richtige Übersetzungen an:

1. Phoenices argentum vendidisse dicuntur.

   a) Die Phönizier sollen Silber verkaufen.

   b) Die Phönizier sollen Silber verkauft haben.

   c) Die Phönizier verkaufen angeblich Silber.

   d) Von den Phöniziern sagt man, sie hätten Silber verkauft.

2. Id oppidum a Carthaginiensibus conditum esse narratur.

   a) Man erzählt, die Karthager hätten diese Stadt gegründet.

   b) Die Karthager erzählen, sie hätten diese Stadt gegründet.

   c) Der Erzählung nach soll diese Stadt von den Karthagern gegründet worden sein.

   d) Diese Stadt erzählt von sich, sie sei von den Karthagern gegründet worden.

3. Troia decem annos a Graecis oppugnata esse dicebatur.

   a) Von Troja heißt es, es sei zehn Jahre von den Griechen bestürmt worden.

   b) Von Troja hieß es, es sei zehn Jahre von den Griechen bestürmt worden.

   c) Die Trojaner sagten, sie seien zehn Jahre von den Trojanern bestürmt worden.

   d) Troja sollte angeblich zehn Jahre von Griechen bestürmt worden sein.

4. Ulixes diu in mari erravisse narrabatur.

   a) Odysseus sollte angeblich lange auf dem Meer herumgeirrt sein.

   b) Odysseus sei, so erzählte man, lange auf dem Meer herumgeirrt.

   c) Odysseus erzählte, er sei lange auf dem Meer herumgeirrt.

   d) Odysseus erzählte, er war lange auf dem Meer herumgeirrt.

5. Socii Ulixis fato suo contenti non esse videbantur.

   a) Die Gefährten des Odysseus sahen, dass ihr Schicksal nicht zufriedenstellend war.

   b) Die Gefährten des Odysseus schienen mit ihrem Schicksal nicht zufrieden zu sein.

   c) Es hatte den Anschein, dass die Gefährten des Odysseus mit ihrem Schicksal nicht zufrieden waren.

   d) Die Gefährten des Odysseus erkannten, dass sie mit ihrem Schicksal nicht zufrieden waren.

Wenn du mehr als eine falsche Übersetzung angekreuzt hast, bearbeite die Übungen 2, 3 und 4 auf S. 86 – 88.

4. O tempora, o Zeitverhältnisse!

Entscheide dich für die richtige Übersetzung und ergänze die passende Form:

1. Cicero rem publicam a se _____ (servare/servari/servavisse/
   servatum esse/servatam esse) putavit.

   a) Cicero glaubte, dass der Staat von ihm gerettet worden sei.

   b) Cicero glaubte, dass der Staat von ihm gerettet wird.

   c) Cicero glaubte der Rettung des Staates.

2. Leges _____ (servare/servari/servatas esse/servavisse/servaturas
   esse) necesse est.

   a) Es ist notwendig, dass die Gesetze eingehalten werden.

   b) Es ist notwendig, dass die Gesetze dienlich sind.

   c) Gesetze mussten eingehalten werden.

3. Ciceronem claras orationes[1] _____ (habere/habuisse/habitas esse/
   habiturum esse) puto.

   a) Ich glaube, dass Cicero gute Reden gehalten hat.

   b) Von Cicero glaubt man, er habe gute Reden gehalten.

   c) Cicero glaubt, berühmte Reden gehalten zu haben.

   1 oratio, -onis f.
   die/eine Rede

4. Ciceronem a sociis Antonii _____ (comprehendere[2]/
   comprehendi[2]/comprehensum esse[2]/comprehendisse[2]) et

   _____ (necare/necari/necavisse/necatum esse/necaturum

   esse) constat.

   a) Es steht fest, dass Cicero von den Kumpanen des Antonius verhaftet und getötet
      worden ist.

   b) Für Cicero steht es fest, dass er von den Kumpanen des Antonius aufgegriffen
      und getötet worden war.

   c) Für die Gefährten des Antonius steht es fest, dass sie Cicero aufgreifen und töten.

   2 comprehendere,
   comprehendo, compe-
   hendi, compehensum
   verhaften

5. Volentes fatis _____ (ducere/duci/duxisse/ductos esse/ducturos
   esse), nolentes _____ (trahere/trahi/traxisse/tractos esse/tracturos
   esse) constat.

   a) Es steht fest, dass die Willigen vom Schicksal geführt, die Unwilligen (vom Schick-
      sal) mitgeschleift werden.

   b) Für die Willigen steht fest, dass das Schicksal sie führt und die Unwilligen mitge-
      schleift werden.

   c) Diejenigen, die es wollen, führt das Schicksal; diejenigen, die es nicht wollen,
      schleift das Schicksal mit.

Wenn du mehr als einmal eine falsche Antwort gegeben hast, bearbeite die Übung 5 auf
S. 88.

Zusammenfassende Übungen:
Partizip, PC und Abl. abs.

▶ Lösungen CD ## Was ich schon kann

> Hier geht es darum festzustellen, ob du die Partizipien sicher genug beherrschst.
> Wenn du die folgenden Aufgaben löst, erkennst du genau, was du schon kannst und was du
> noch üben musst. Arbeite dann die angegebenen Übungen durch. Der Test am Ende der Wie-
> derholungseinheit auf S. 95/96 verrät dir, ob du beim Üben schon erfolgreich warst. Wenn du
> schon alles kannst, kannst du auch gleich zum Test gehen.

1. Partizip oder nicht?

Unterstreiche alle Wörter, die ein Partizip sind:

violatum – tutum – victo – tanto – sublati – tempestati – statam – contentam – portata –

porta – praebitae – nostrae – neglectis – noctis – morbus – motus – iubentis – iratis –

intrantes – incoles – ingentes – igni – hortanti – honesti

> Wenn du von den Wörtern mehr als zwei nicht richtig unterstreichen konntest, bearbeite die
> Übung 1 auf S. 93.

2. Pärchen gesucht

Notiere sinnvolle und nach KNG kongruierende Wortpaare. Achtung, es gibt oft mehrere Möglichkeiten.

		Wortpaare
bello – gloria – fides – flores – famae – fora – gaudiis – factis – fontes – frugibus – genera	impetrata – illato – cultos – impetratis – incipiens – conservata – ignorantia – hortanti – laudata – delectantes – crescentes – desideratis – iusso – parta – propositis	

> Wenn du von den Wörtern mehr als zwei nicht richtig verbinden konntest, bearbeite die
> Übung 2 auf S. 93.

3. PC oder Abl. abs., das ist die Frage!

Unterstreiche die Partizipien und kreuze an, welche Konstruktion vorliegt:

	PC	Abl. abs.
1. Oraculo neglecto populus proelium committit.		
2. Nocte veniente hostes urbem invaserunt.		
3. Duces ordines ducentes semper attenti esse debent.		
4. Graeci nuntium victoriam nuntiantem floribus ornaverunt.		

5. Oppidum oppressum celeriter expugnatum est.		
6. Opes optatas nonnumquam homines felices non faciunt.		
7. Hostibus pacatis exercitus in propinquam provinciam ducitur.		
Wenn du mehr als zweimal nicht richtig das Partizip unterstrichen und die Konstruktion angekreuzt hast, bearbeite die Übung 3 auf S. 95.		

Mein Training

▶ Lösungen CD

1. Ohne Bestimmung geht es nicht!

Bestimme alle Formen nach KNG, entscheide, ob es ein Partizip ist oder welche Wortart sonst, und gib dann zu allen Wörtern die Grundform an:

	Bestimmung	PPP/PPA – sonstige Wortart	Grundform
Beispiele: laudantis	Gen. Sg. m., f., n.	PPA	laudare
ingentis	Gen. Sg. m., f., n.	Adjektiv	ingens
gratis			
gravis			
habitis			
incipienti			
impulsi			
horti			
incredibili			
homine			
forte			
gerente			

2. Was passt?

Unterstreiche die Form des Partizips, die zum Bezugswort passt:

1. navem	aedificans/aedificatum/aedificatam
2. oratore	laudata/laudato/laudans
3. opera	faciente/facto/facta
4. gentes	pacante/pacati/pacatae
5. imperio	augente/aucto/auctus

⑤ 3. a Welche Übersetzung passt, das ist die Frage!

Kreuze an, welche Übersetzung jeweils zutrifft:

1. Proelio incepto milites urbem oppugnaverunt.

   a) Als der Kampf begonnen worden war, griffen die Soldaten die Stadt an. ☐

   b) Als er den Kampf begann, griffen die Soldaten die Stadt an. ☐

2. Hominibus laborantibus opus celeriter perfectum est.

   a) Weil die Menschen sich mühten, wurde das Werk schnell vollendet. ☐

   b) Weil die Menschen sich bemüht hatten, wurde das Werk schnell vollendet. ☐

3. Legionibus victis bellum finitum erat.

   a) Als die Legionen gesiegt hatten, war der Krieg beendet. ☐

   b) Als die Legionen besiegt worden waren, war der Krieg beendet. ☐

4. Amicis invitantibus omnes venerunt.

   a) Weil die Freunde einluden, kamen alle. ☐

   b) Weil die Feinde eingeladen hatten, kamen alle. ☐

5. Catulo reperto omnes beati erant.

   a) Weil der Hund gefunden wird, waren alle glücklich. ☐

   b) Weil der Hund gefunden worden war, waren alle glücklich. ☐

6. Iuvenibus canentibus senes gavisi sunt.

   a) Als die jungen Männer gesungen hatten, freuten sich die Alten. ☐

   b) Als die jungen Männer sangen, freuten sich die Alten. ☐

⑤ 3. b Der Bereich ist wichtig

Unterstreiche jeweils das Partizip und grenze durch eine Klammer den Bereich ab, auf den sich das Partizip bezieht:

Beispiel: Apollonius (in litore <u>stans</u>) in patriam redire voluit.

1 inscribere, inscribo, inscripsi, inscriptum schreiben auf

1. Nomina in illo muro inscripta[1] mihi nota sunt.
2. Vitam in urbe magnificis aedificiis ornata agimus.
3. Rex cupiditate regendi adductus inimicos interfecit.
4. Romani urbem a Romulo et Remo
   conditam incoluerunt.

Mein Test

▶ Lösungen CD

Nun solltest du erkennen können, ob du auf dem Stand des Wissens bist.

1. Partizip oder nicht?

Unterstreiche alle Wörter, die ein Partizip sind:

negato – metuo – marito – magnitudo – modo – medico – minuto – missi – mari – laudati – legi – iucundi – invitati – incipienti – imprimis – impulsis – imperiis – gaudentia – genera – grandia – gaudia

> Wenn du von den Wörtern mehr als zwei nicht richtig unterstreichen konntest, bearbeite die Übung 1 auf S. 93.

2. Pärchen gesucht

Notiere sinnvolle und nach KNG kongruierende Wortpaare. Achtung, es gibt oft mehrere Möglichkeiten.

		Wortpaare
militem – marito – matrem – merces – magistri – litora – litteris – maiestati – maria – ludo – nocte – negotia	intratis – intellegentes – scriptis – petita – mittenti – misso – locuti – appellatam – neglecto – pugnantem – optante – missas – minutae – incipiente	_____ _____ _____ _____ _____

> Wenn du von den Wörtern mehr als zwei nicht richtig verbinden konntest, bearbeite die Übung 2 auf S. 93.

3. Welche Übersetzung passt, das ist die Frage!

Kreuze an, welche Übersetzung jeweils zutrifft:

1. Regina depulsa cives miseri erant.	
a) Weil die Königin vertreibt, waren die Bürger unglücklich.	☐
b) Weil die Königin vertrieben worden war, waren die Bürger unglücklich.	☐
2. Liberis bene valentibus parentes gaudent.	
a) Wenn es den Kindern gut geht, freuen sich die Eltern.	☐
b) Als es den Kindern gut gegangen war, freuen sich die Eltern.	☐
3. Patria pacata cives miseri erant.	
a) Nachdem die Heimat unterworfen worden war, waren die Bürger unglücklich.	☐
b) Weil er die Heimat unterwarf, waren die Bürger unglücklich.	☐
4. Flores collecti amicam delectaverunt.	
a) Die Blumen, die gepflückt worden waren, bereiteten der Freundin Freude.	☐
b) Die Blumen, die gepflückt werden, bereiteten der Freundin Freude.	☐

5. Causa finita omnes gaudebant.

   a) Weil der Prozess beendet wird, freuten sich alle.

   b) Weil der Prozess beendet worden war, freuten sich alle.

6. Pace perfecta imperium crescebat.

   a) Weil der Friede vollendet war, wuchs das Reich.

   b) Weil er den Frieden vollendete, wuchs das Reich.

Wenn du von den Übersetzungen mehr als eine nicht richtig ankreuzen konntest, bearbeite die Übung 3 auf S. 94.

Zusammenfassende Übungen: *-nd*-Formen

Was ich schon kann

▸ Lösungen CD

Hier geht es darum festzustellen, ob du die *-nd*-Formen sicher genug beherrschst.
Wenn du die folgenden Aufgaben löst, erkennst du genau, was du schon kannst und was
du noch üben musst. Arbeite dann die angegebenen Übungen durch. Der Test am Ende der
Wiederholungseinheit auf S. 102 – 105 verrät dir, ob du beim Üben schon erfolgreich warst.
Wenn du schon alles kannst, kannst du auch gleich zum Test gehen.

1. Unterstreiche alle Formen, die ein Gerundium oder Gerundivum sind:

defendendo – iucundo – diligentis – tangitis – defendo – tangendis – defendentis – ingentis –
legendi – grandi – iucundi – legi – difficili – diviti

Wenn du mehr als zweimal falsch unterstrichen hast, bearbeite die Übung 1 auf S. 99.

2. Eine Form – mehrere Möglichkeiten

Entscheide dich bei den folgenden Ausdrücken für gute Übersetzungsmöglichkeiten.
Achtung, es kann mehrere richtige Übersetzungen geben.

signum proficiscendi	causa laborandi	ars aedificandi
das Zeichen zum Aufbruch	die Arbeit des Prozesses	der Aufbau der Kunst
das Zeichen aufzubrechen	der Grund der Arbeit	die Kunst zu bauen
das Zeichen muss aufbrechen	die Ursache für die Arbeit	die Baukunst
in libertate conservanda	ars vivendi	modus dicendi
die Freiheit muss bewahrt werden	die Lebenskunst	die Art zu reden
bei der Bewahrung der Freiheit	die Kunst muss leben	die Redeweise
um die Freiheit zu bewahren	die Kunst zu leben	das Reden über die Art und Weise

Wenn du mehr als zweimal falsch angekreuzt hast, bearbeite die Übung 5 auf S. 101.

3. Dativ ist nicht gleich Dativ

Wähle aus den vorgegebenen Übersetzungen die richtige aus und unterstreiche in den lateinischen Sätzen den Dativ des Urhebers, falls er vorhanden ist. Achtung, es kann mehrere richtige
Übersetzungen geben.

1. Cives pauperes imperatori Augusto adiuvandi erant.

   a) Arme Bürger mussten den Kaiser Augustus unterstützen.

   b) Der Kaiser Augustus unterstützte arme Bürger.

   c) Arme Bürger mussten vom Kaiser Augustus unterstützt werden.

2. A te liber amico dandus est.

    a) Du musst dem Freund ein Buch geben.

    b) Der Freund muss dir ein Buch geben.

    c) Von dir muss dem Freund ein Buch gegeben werden.

3. Hostes Romanis nocte opprimendi erant.

    a) Die Feinde mussten die Römer nachts angreifen.

    b) Die Römer mussten die Feinde nachts angreifen.

    c) Die Feinde mussten von den Römern nachts angegriffen werden.

4. Imperatori Romano persuasum erat hostes sibi sequendos[1] esse.

    a) Der römische Feldherr war überzeugt, dass er die Feinde verfolgen musste.

    b) Der römische Feldherr war überzeugt, dass die Feinde von ihm verfolgt werden mussten.

    c) Die Feinde waren überzeugt, den römischen Feldherrn verfolgen zu müssen.

5. Castra militibus occupanda erant.

    a) Das Lager der Soldaten war besetzt.

    b) Die Soldaten mussten das Lager besetzen.

    c) Das Lager musste von den Soldaten besetzt werden.

6. Caesar sibi non iam exspectandum esse putavit.

    a) Caesar glaubte für sich, nicht mehr warten zu müssen.

    b) Caesar glaubte, dass von ihm nicht mehr gewartet werden dürfe.

    c) Caesar glaubte, dass er nicht mehr warten dürfe.

Wenn du mehr als zweimal falsch unterstrichen oder angekreuzt hast, bearbeite die Übung 3 auf S. 100.

1 sequi, sequor (mit Akk.) jmdn. verfolgen

4. Formenexperten gefragt

Ergänze die richtige Form:

1. Cassius et Brutus consilium Caesaris _____ (interficiendi/interficere/interficienti) ceperunt.

    Cassius und Brutus fassten den Entschluss, Caesar zu töten.

2. Augustus civitatem _____ (regendi/regendam/regendum) suscepit.

    Augustus übernahm die Leitung des Staates.

3. Imperator spem urbis _____ (occupare/occupandi/occupandae) habuit.

    Der Feldherr hatte die Hoffnung, die Stadt zu besetzen.

4. Germani bellum _____ (gerendo/gerendi/gerendis) cupidi erant.

    Die Germanen waren begierig, Krieg zu führen.

5. Caesar nocte finem _____ (oppugnandi/oppugnari/

oppugnandum) fecit.

Caesar beendete nachts den Angriff.

6. Caesari cum Ariovisto erat _____ (agendis/agendum/agendo).

Caesar musste mit Ariovist verhandeln.

> Wenn du mehr als zwei Formen falsch ergänzt hast, bearbeite die Übungen 2 und 4 auf S. 99
> und 101.

Mein Training

▶ Lösungen CD

1. Verwechslungsgefahr

Ordne folgende Formen den entsprechenden Spalten zu. Achte auf mehrdeutige Formen.

fini – diligenti – finiendi – finienti – deinde – filii – hodie – fidem – aliquando – finies

Verb	Substantiv	Adverb	Adjektiv	*-nd*-Form	Partizip

2. Entscheidung gefragt

Kreuze die richtigen Übersetzungen an.
Achtung, es gibt mehrere richtige Übersetzungsmöglichkeiten.

1. Augustus caute agendo et diligenter cogitando imperium Romanum rexit.

   a) Augustus handelte vorsichtig und überlegte sorgfältig, um das Römische Reich zu regieren.

   b) Durch vorsichtiges Handeln und sorgfältiges Nachdenken regierte Augustus das Römische Reich.

   c) Augustus musste vorsichtig handeln und sorgfältig überlegen, um das Römische Reich zu regieren.

   d) Zur Regierung des Römischen Reiches musste Augustus vorsichtiges und sorgfältiges Handeln planen.

2. Mores multorum hominum mutandi sunt.

   a) Viele Menschen müssen sich verändern.

   b) Die Sitten vieler Menschen müssen verändert werden.

   c) Es ist Sitte, viele Menschen zu verändern.

   d) Man muss die Sitten vieler Menschen verändern.

3. Templa deorum delenda non esse Romani putaverunt.

   a) Die Römer glaubten, dass die Tempel der Götter nicht zerstört werden dürfen.

   b) Nach dem Glauben der Römer war die Zerstörung von Göttertempeln verboten.

   c) Die Römer glaubten, dass die Tempel der Götter nicht zerstört werden müssen.

   d) Die Götter glaubten, dass die Römer ihre Tempel nicht zerstören dürfen.

1 discere, disco
lernen

4. Ars scribendi liberis discenda[1] est.

   a) Die Kinder müssen die Kunst zu schreiben lernen.

   b) Lernen ist für die Kinder bei der Schreibkunst wichtig.

   c) Die Kunst zu schreiben muss von den Kindern gelernt werden.

   d) Die Kunst, schreiben zu lernen, ist die Sache von Kindern.

5. Docendo discimus[1].

   a) Wir lernen durch Lehren.

   b) Wir lehren durch Lernen.

   c) Beim Lernen lehren wir.

   d) Beim Lehren lernen wir.

2 repudiare
zurückweisen,
ablehnen

6. Mores boni laudandi, mores mali repudiandi[2] sunt.

   a) Gute Sitten loben wir, schlechte Sitten lehnen wir ab.

   b) Gute Sitten muss man loben, schlechte Sitten ablehnen.

   c) Gute Sitten müssen gelobt werden, schlechte Sitten müssen abgelehnt werden.

   d) Gute Menschen loben ihre Sitten, schlechte Menschen lehnen sie ab.

⑨ 3. Dativ des Urhebers

Ergänze in den Lücken jeweils den passenden den Dativ des Urhebers:

1. Homines aegroti _____ (Romanis/medicis/militibus) adiuvandi sunt.

2. _____ (Malo imperatori / Bono imperatori / Liberis)

   omnibus rebus providendum est.

1 Rhenus, -i m.
(der) Rhein

3. Caesar _____ (Caesari/sibi/tibi) Rhenum[1] transgrediendum esse

   decrevit.

4. _____ (Ponti/Urbi/Ulixi) saepe prudenter erat agendum.

4. Formenexperten gefragt

Entscheide dich für die richtige Übersetzung und ergänze die richtige Form:

1. Nero cupiditate divitias _____ (habere/habendas/habendi)

   adductus multa scelera fecit.

   a) Durch die Gier, Reichtümer zu besitzen, beging Nero viele Verbrechen.

   b) Die Gier nach Verbrechen verschaffte Nero viele Reichtümer.

   c) Nero musste Reichtümer besitzen, um seine Verbrechen begehen zu können.

2. Tempus est urbem _____ (fugiendam/fugiendum/fugiendi).

   a) Es ist Zeit, aus der Stadt zu fliehen.

   b) Mit der Zeit muss man aus der Stadt fliehen.

   c) Die Zeit in der Stadt flieht dahin.

3. De bene et beate _____ (vivendi/vivendo/vivendum)

   philosophi Graeci disputaverunt.

   a) Das Leben der griechischen Philosophen musste gut und glücklich sein.

   b) Die griechischen Philosophen haben über ein gutes und glückliches
      Leben diskutiert.

   c) Gut und glücklich zu leben, war Sache der Philosophen.

4. In libris _____ (legendi/legendo/legendis) tempus volat[1].

   a) In Büchern liest man, damit die Zeit verfliegt .

   b) Beim Lesen von Büchern verfliegt die Zeit.

   c) Zum Bücherlesen gibt es keine Zeit.

1 volare
verfliegen

5. Gerundium oder Gerundivum – eine Form, zwei Möglichkeiten

Kreuze an, ob die folgenden Kriterien für die Bestimmung einer Form als Gerundium oder Gerundivum entscheidend sind:

Kriterium	Richtig	Falsch
1. Das Gerundium kommt nur in Singularformen der o-Deklination vor.		
2. Das Gerundivum hat die Kasusendungen der kons. Deklination.		
3. Eine *-nd-*Form im Plural muss immer Gerundivum sein.		
4. Das Gerundium hat die Kasusendungen der e-Deklination.		
5. Eine *-nd-*Form mit *esse* muss immer Gerundivum sein.		
6. Das Gerundium kommt nur im Plural vor.		

▶ Lösungen CD   **Mein Test**

Nun solltest du erkennen können, ob du auf dem Stand des Wissens bist.

⊘ **1. Zum Verwechseln ähnlich: *-nt-* und *-nd-***

Ordne folgende Formen richtig in die Tabelle ein und nenne jeweils die Grundform:

~~frugis~~ – genti – dandi – danti – ingenti – incipiendi – pontis – fortis – fugientis

PPA	*-nd-*Form	Substantiv	Adjektiv	Grundform
		Beispiel: frugis		frux
Wenn du mehr als zwei Fehler gemacht hast, bearbeite die Übung 1 auf S. 99.				

⊘ **2. Verwandlung**

Zwei von den drei Sätzen sind jeweils bedeutungsgleich. Kreuze sie an:

1. a) A magistratibus saluti civium consulendum est. b) Magistratus saluti civium consulunt. c) Magistratus saluti civium consulere debent.	Wenn du mehr als einmal die bedeutungsgleichen Sätze nicht richtig angekreuzt hast, bearbeite die Übungen 2, 3 und 4 auf S. 99 – 101.
2. a) Nunc tacendum non est. b) Nunc tacemus. c) Nunc tacere non licet.	
3. a) Mores multorum hominum mutandi sunt. b) Mores multorum hominum mutati sunt. c) Mores multorum hominum mutari necesse est.	
4. a) Captivi imperatori tradendi erant[1]. b) Captivos imperatori tradi[1] necesse erat. c) Captivi imperatori traditi erant[1].	

1 tradere, trado, tradidi, traditum
übergeben, ausliefern

✪ 3. Vergleiche

Kreuze die richtige Übersetzung an.
Achtung, es können auch mehrere Übersetzungen richtig sein.

1. Imperator militibus imperavit, ut castra nova aedificanda curarent.

   a) Der Feldherr befahl den Soldaten, dafür zu sorgen, dass ein neues Lager errichtet werde.

   b) Der Feldherr befahl den Soldaten, ein neues Lager errichten zu lassen.

   c) Der Feldherr befahl den Soldaten, für den Bau eines neuen Lagers zu sorgen.

   d) Der Bau eines neuen Lagers lag dem Feldherrn am Herzen.

2. Caesar novas legiones sibi non iam exspectandas esse putavit.

   a) Caesar muss keine neuen Legionen mehr erwarten.

   b) Caesar glaubte, dass er neue Legionen erwarten darf.

   c) Caesar glaubte, dass er keine neuen Legionen mehr erwarten dürfe.

   d) Die neuen Legionen glaubten, dass sie nicht mehr auf Caesar warten müssen.

3. Caesar pontem trans[1] Rhenum[2] faciendum curavit.

   a) Caesar ließ eine Brücke über den Rhein bauen.

   b) Caesar musste keine Brücke über den Rhein bauen.

   c) Caesar musste eine Brücke über den Rhein bauen.

   d) Caesar durfte eine Brücke über den Rhein bauen.

4. Hostes incendiis faciendis castra expugnaverunt.

   a) Die Feinde legten Brände und eroberten das Lager.

   b) Durch das Legen von Bränden haben die Feinde das Lager erobert.

   c) Die Feinde mussten Brände legen, um das Lager zu erobern.

   d) Durch das Legen von Bränden glaubten die Feinde, das Lager erobern zu können.

5. Galli de flumine transgrediendo spem non iam habuerunt.

   a) Die Gallier überquerten den Fluss, um Hoffnung zu haben.

   b) Die Gallier hatten keine Hoffnung mehr darauf, den Fluss zu überqueren.

   c) Die Überquerung des Flusses gab den Galliern Hoffnung.

   d) Die Gallier mussten den Fluss überqueren.

6. Caesar multa Galliae expugnandae causa fecit.

   a) Caesar hatte viele Gründe, Gallien zu erobern.

   b) Caesar unternahm vieles wegen der Eroberung Galliens.

   c) Caesar unternahm vieles, um Gallien zu erobern.

   d) Caesar musste Gallien unbedingt erobern.

Wenn du mehr als einmal nicht die richtige Übersetzung angekreuzt hast, bearbeite die Übungen 2, 3 und 4 auf S. 99–101.

1 trans (mit Akk.) über

2 Rhenus, -i m. (der) Rhein

4. Gutes Deutsch gefragt

Kreuze an, welche Konstruktion jeweils vorliegt, und entscheide dich für eine angemessene Übersetzung:

	Gerundium	Gerundivum	Übersetzung	
facultas[1] sui servandi			a) die Möglichkeit, sich zu retten	
			b) man muss sich retten	
			c) die Hoffnung auf Rettung	
occasio fugiendi			a) die gelegentliche Flucht	
			b) die Gelegenheit zur Flucht	
			c) Fluchtversuch	
ars legendi			a) künstliches Schreiben	
			b) Schreibkunst	
			c) die Kunst zu lesen	
cupiditas cognoscendi			a) die Begierde zu erkennen	
			b) man muss erkennen	
			c) begierig zu erkennen	
ars fabulae narrandae			a) man muss eine Geschichte kunstvoll erzählen	
			b) die Kunst, eine Geschichte zu erzählen	
			c) das Erzählen von Geschichten ist eine Kunst	
ad navigandum paratus			a) bereit zum Schwimmen	
			b) bereit zum Segeln	
			c) zum vorbereiteten Schiff	
Wenn du mehr als zwei Kreuze falsch gesetzt hast, bearbeite die Übungen 2 und 5 auf S. 99/100 und 101.				

1 facultas, -atis f. die/eine Möglichkeit

5. Formenexperten gefragt

Entscheide dich für die richtige Übersetzung und ergänze die passende Form:

1. Caesar cum Germanis bellum _____ (gerendis/gerendum/gerendus) esse putavit.

   a) Caesar glaubte, dass die Germanen gegen ihn Krieg führen wollen.

   b) Caesar glaubte, gegen die Germanen Krieg führen zu müssen.

   c) Die Germanen glaubten, dass mit Caesar ein Krieg geführt werden müsse.

2. Caesar certior factus est magnas copias hostium _____ (oppugnandas/oppugnandi/oppugnando) sui causa convenisse.

   a) Caesar ist informiert worden, dass große Truppen der Feinde zusammengekommen seien, um ihn anzugreifen.

   b) Caesar ist über die Größe der feindlichen Truppen informiert worden.

   c) Caesar ist über den Angriff der Feinde informiert worden.

3. Caesar hostibus facultatem[1] per provinciam itineris _____ (faciendi/faciendam/faciendis) non dedit.

   a) Die Feinde gaben Caesar nicht die Möglichkeit, durch die Provinz zu marschieren.

   b) Caesar und die Feinde hatten nicht die Möglichkeit, durch die Provinz zu marschieren.

   c) Caesar gab den Feinden nicht die Möglichkeit, durch die Provinz zu marschieren.

   > 1 facultas, -atis f.
   > die/eine Möglichkeit, Erlaubnis

4. Milites omnia, quae ad _____ (proficiscendo/proficiscendum/proficiscendi) pertinent, comparaverunt.

   a) Die Soldaten trugen alles, was sie zum Marsch benötigten, zusammen.

   b) Die Soldaten mussten marschieren.

   c) Die Soldaten trugen alles zusammen, um zu marschieren.

5. Legati auxilii _____ (petendi/petendum/petendis) causa ad imperatorem venerunt.

   a) Die Gesandten baten den Feldherrn um Hilfe.

   b) Die Gesandten kamen zum Feldherrn, um ihn um Hilfe zu bitten.

   c) Die Gesandten kamen mit Hilfstruppen, um den Feldherrn anzugreifen.

Wenn du mehr als zwei Kreuze falsch gesetzt hast, bearbeite die Übung 4 auf S. 101.

Zusammenfassende Übungen:
Konjunktiv in Nebensätzen

▶ Lösungen CD

Was ich schon kann

> Hier geht es darum festzustellen, ob du den Konjunktiv in Nebensätzen sicher genug beherrschst. Wenn du die folgenden Aufgaben löst, erkennst du genau, was du schon kannst und was du noch üben musst. Arbeite dann die angegebenen Übungen durch. Der Test am Ende der Wiederholungseinheit auf S. 110–112 verrät dir, ob du beim Üben schon erfolgreich warst. Wenn du schon alles kannst, kannst du auch gleich zum Test gehen.

❻ 1. Unterstreiche alle Konjunktiv-Formen:

aderamus – amentur – appellas – capietur – cepissetis – consequeris – conveniebam – dixeritis – ducamur – essem – floret – locutus erat – moneat – parerent – perdidisti – reficiunt – vicerint

> Wenn du mehr als zwei Formen falsch unterstrichen hast, bearbeite die Übung 1 auf S. 108.

❺ 2. Die Sueben – ein furchteinflößendes Volk?

Kreuze jeweils die richtige(n) Aussage(n) an. Manchmal sind beide Aussagen richtig.

1. Caesar demonstrare studet, qua re Suebi imperio Romano periculo sint. Ecce, quae in commentariis suis refert!

   a) *qua re* leitet einen Kausalsatz ein, ist also mit „weil" zu übersetzen. Im Lateinischen stehen alle Kausalsätze im Konjunktiv.

   b) Eine mögliche Übersetzung des ersten Satzes lautet: „Caesar versucht zu zeigen, weshalb die Sueben eine Gefahr für das Römische Reich sind/seien." Im Deutschen kann der Indikativ oder auch der Konjunktiv verwendet werden.

2. Suebi quotannis[1] multos milites e pagis[2] suis ducunt, ut fines aliarum gentium petant.

   a) *ut* leitet einen Temporalsatz ein. Dieser Temporalsatz gibt an, zu welchem Zeitpunkt die Sueben Krieger aus ihrem Gebiet herausführen, nämlich sobald sie angegriffen werden.

   b) *ut* leitet einen Finalsatz ein. Dieser Finalsatz gibt an, mit welcher Absicht die Sueben alljährlich Krieger aus ihrem Gebiet herausführen.

3. Suebi, qui maximam partem lacte[3] ac pecore vivant, ad bella gerenda maxime apti[4] sunt.

   a) Der Relativsatz ist begründend und steht deshalb im Konjunktiv. Es soll hier ausgedrückt werden, dass die Sueben wegen ihrer gleichsam „barbarischen" Ernährung besonders gute Krieger sind.

   b) Der Relativsatz ist final zu verstehen. Es soll hier ausgedrückt werden, dass die Sueben Kriege führen, um sich die für sie notwendigen Lebensmittel zu erbeuten.

4. Cum mercatores Suebis merces vendere conantur, illi plurimum repudiant[5], quia paucissimis rebus egent[6].

   a) *cum* kann hier nicht kausal verstanden werden. Der Indikativ *conantur* macht deutlich, dass *cum* hier die Bedeutung „immer wenn" haben muss.

   b) *cum* leitet einen Temporalsatz ein. Da dieser vorzeitig ist, empfiehlt es sich, *cum* mit „nachdem" zu übersetzen.

1 quotannis (Adv.) jedes Jahr

2 pagus, -i m. der/ein Bezirk; das/ein Dorf

3 lac, lactis n. (die) Milch

4 aptus, -a, -um ad passend, geeignet zu/für

5 repudiare zurückweisen, ablehnen

6 egere, egeo (mit Abl.) etw. nötig haben, brauchen

5. Suebi timent, ne animi vino effeminentur[7].

   a) Nach *timere* muss man *ne* positiv übersetzen, also mit „dass".

   b) *ne* bedeutet hier „dass nicht". Es wird die Furcht der Sueben vor einer Unterversorgung mit Wein und anderen Konsumgütern beschrieben.

6. Caesar de Suebis tam clare scribit, ut Romani, qui commentarios eius legunt, illam gentem et mirentur et timeant.

   a) Der *ut*-Satz ist ein Konsekutivsatz.

   b) Der *ut*-Satz gibt an, was aus dem Hauptsatz folgt; *ut* schließt gedanklich eng an *tam clare* an (etwa: „Caesar schreibt so treffend über die Sueben, dass ...").

Wenn du mehr als einmal falsch angekreuzt hast, bearbeite die Übung 2 auf S. 108/109.

7 effeminare
verweichlichen

⑨ 3. Eine eindrucksvolle Türkei-Reise

Unterstreiche jeweils die richtige Verbform:

1. Imperator Habsburgensis[1] Augerium Gislenium Busbequium legatum ad Turcas[2] misit, ut cum illis variis[3] de rebus agat/ageret/egerit.

2. Cum pauca de moribus Turcarum[2] sciat/sciebat/sciret, Busbequius curiositate[4] adductus iter in orientem[5] coepit.

3. Haec sunt nonnulla, quae Busbequius refert: Turcae[2] pauperes aegrotosque saepe adiuvant, ut ipsi gratiam[6] Dei acceperint/accipiant/accipiunt.

4. Busbequius aequales[7] monuit, ne Turcas[2] contemnant/contemnerent/contemnunt, ut illo tempore consuetudo[8] esset/fuisset/fuit.

5. Turcae[2] se ad precandum parant, cum de turribus muschitarum[9] vocem acutam audiant/audirent/audiunt.

6. Quamquam Busbequius aliis de causis ad Turcas[2] venit/venerat/venisset, multa de moribus illius populi narravit.

Wenn du mehr als zwei Formen falsch unterstrichen hast, bearbeite die Übung 3 auf S. 109/110.

1 Habsburgensis, -e
habsburgisch; *Subst.*:
der/ein Habsburger

2 Turcae, -arum m.
(die) Türken

3 varius, -a, -um
verschieden

4 curiositas, -atis f.
(die) Neugierde

5 oriens, -ntis m.
der Orient

6 gratia, -ae f.
hier: (die) Gunst,
(die) Gnade

7 aequalis, -is m.
der/ein Zeitgenosse

8 consuetudo est
es ist Brauch, es ist üblich

9 muschita, -ae f.
die/eine Moschee

▶ Lösungen CD **Mein Training**

1. Überblickst du das lateinische Tempus- und Modussystem?

Ordne die Verbformen in der Mitte den entsprechenden Bereichen zu:

Indikativ Präsens	Konjunktiv Präsens		Indikativ Imperfekt	Konjunktiv Imperfekt
		abstuli		
		aderam		
		auxeratis		
		captum sit		
		cures		
Indikativ Perfekt	**Konjunktiv Perfekt**	defenditis	**Indikativ Plusquamperfekt**	**Konjunktiv Plusquamperfekt**
		gesseris		
		invenissem		
		liberata erant		
		pollicita es		
		praeesset		
		profectus esset		
		putatur		
		quaeramur		
		timebant		
		venderentur		

2. Plinius – ein vielseitiger Mann

Kreuze jeweils die richtige(n) Aussage(n) an.
Manchmal sind beide Aussagen richtig.

1. Plinius Traiano litteras misit, in quibus imperatorem rogaret, ut sibi architectum mitteret.

   a) Der Konjunktiv *rogaret* steht in einem Relativsatz. Dieser Relativsatz hat einen finalen Nebensinn. Man kann ihn deshalb durch einen „um-zu"-Infinitiv wiedergeben, etwa so: „(Plinius schickte Trajan einen Brief,) um den Kaiser zu bitten ...".

   b) Der *ut*-Satz ist ein Finalsatz. Er kann durch einen „zu"-Infinitiv wiedergegeben werden, etwa so: „... ihm einen Architekten zu schicken".

1 aequalis, -is m. der/ein Zeitgenosse

2 posteri, -orum m. (die) Nachfahren, Nachgeborene(n)

2. Ab aequalibus[1] posterisque[2] saepe quaesitum est, cur Plinius tot litteras ad imperatorem misisset.

   a) Der Nebensatz stellt eine indirekte Frage dar. Deshalb wird der Konjunktiv verwendet. Im Deutschen kann hier der Konjunktiv der indirekten Rede benutzt werden (etwa: „... warum Plinius so viele Briefe an den Kaiser geschickt habe").

   b) Der Hauptsatz ist vorzeitig zum Nebensatz. Deshalb steht im indirekten Fragesatz der Konjunktiv Plusquamperfekt.

3. Num Traianus imperator, cum litteras quasdam Plinii acceperat, statim respondebat?

   a) *cum* leitet einen Kausalsatz ein und ist mit „da" oder „weil" zu übersetzen. Es wird der Grund angegeben, warum Kaiser Trajan Plinius geantwortet hat.

   b) *cum* hat hier die Bedeutung „immer wenn", was man auch am Indikativ *acceperat* und am Imperfekt *respondebat* im Hauptsatz erkennen kann.

4. Nisi opera Plinii tradita essent[3], hodie multo minus de vita cotidiana[4] Romanorum sciremus.

   a) Das Satzgefüge ist eine Mischung aus Irrealis der Vergangenheit (im Bedingungssatz) und Irrealis der Gegenwart (im Hauptsatz). Der Sprecher stellt sich also vor, wie seine Gegenwart aussähe, wenn ein bestimmtes Ereignis in der Vergangenheit nicht eingetreten wäre.

   b) Der Sprecher sagt aus, dass Plinius viel Auskunft über den Alltag der Römer geben könnte, wenn er noch leben würde. Es handelt sich also um einen Irrealis der Gegenwart.

5. Vesuvii[5] eruptio[6] multos homines, ut Plinius refert, crudeliter perdidit.

   a) *ut* leitet hier einen Finalsatz ein. Man kann mit „dass", „damit" oder „um ... zu" übersetzen. Es wird ausgedrückt, mit welcher Absicht Plinius schreibt.

   b) *ut* hat hier die Bedeutung „wie".

6. Litterae, in quibus Plinius eruptionem[6] Vesuvii[5] refert, tam notae sunt, ut hodie eruptiones[6] quaedam „Plinianae"[7] appellentur.

   a) Der *ut*-Satz steht im Indikativ, weil er weder final noch konsekutiv zu verstehen ist. Man kann *ut* hier mit „wie" wiedergeben.

   b) *ut* leitet hier einen Konsekutivsatz ein. Der *ut*-Satz gibt an, was aus der hohen Bekanntheit des Pliniusbriefes über den Vesuvausbruch folgte.

3 tradere, trado, tradidi, traditum
hier: überliefern

4 cotidianus, -a, -um
alltäglich

5 Vesuvius, -i m.
der Vesuv (Vulkan in Kampanien)

6 eruptio, -onis f.
der/ein Ausbruch

7 Plinianus, -a, -um
plinianisch (Bezeichnung einer bestimmten Art von Vulkanausbruch)

♀ 3. Augustus – geliebt und gehasst

Welche Übersetzung ist jeweils richtig? Kreuze an. Manchmal sind beide Übersetzungen richtig. (Eventuelle Fehler kommen nur bei der Wiedergabe der Verbformen vor.)

1. Augustus, ut se ipsum laudat, Romam latericiam[1] acceperat, marmoream[2] reliquit.

   a) Augustus hatte, wie er sich selbst lobt, ein aus Ziegeln gebautes Rom übernommen und ließ ein marmornes zurück.

   b) Um sich selbst Lob zu verschaffen, hatte Augustus ein aus Ziegeln gebautes Rom übernommen und ließ ein marmornes zurück.

1 latericius, -a, -um
aus Ziegeln

2 marmoreus, -a, -um
marmorn, aus Marmor

2. Dubium[3] non est, qua re Augustus pater patriae vocetur. – Quia Romae splendorem[4] reddidit.

   a) Es besteht kein Zweifel darüber, weshalb Augustus „Vater des Vaterlandes" genannt wird. – Weil er Rom seinen Glanz zurückgab.

   b) Es besteht kein Zweifel, aus welchem Grund man Augustus als „Vater des Vaterlandes" bezeichnen muss. – Weil er Rom seinen Glanz zurückgab.

3 dubium, -i n.
der/ein Zweifel

4 splendor, -oris m.
der/ein Glanz

3. Si Antonius Augustum superavisset, Ara[5] Pacis Augusti numquam aedificata esset.

   a) Hätte Antonius Augustus besiegt, wäre die Ara Pacis des Augustus nie gebaut worden.

   b) Wenn Antonius Augustus besiegt hätte, wäre die Ara Pacis des Augustus nie gebaut worden.

5 ara, -ae f.
der/ein Altar

4. Augustus hostes terreri, expelli, interfici iussit, quod timuit, ne sibi perniciei essent.

   a) Weil er fürchtete, sie könnten zu seinem Untergang beitragen, ließ Augustus seine Feinde einschüchtern, verbannen und töten.

   b) Was Augustus nicht fürchtete, war, dass seine Feinde zu seinem Untergang beitragen würden, denn er hatte sie einschüchtern, verbannen und töten lassen.

6 instituere, instituo
aufstellen, errichten

7 renovare
erneuern

5. Augustus, qui sumptus ingentes non vereretur, multa aedificia clara institui[6], renovari[7], ornari iussit.

a) Augustus, der gewaltige Kosten nicht scheute, ließ viele berühmte Gebäude errichten, erneuern und verzieren.

b) Weil Augustus gewaltige Kosten nicht scheute, ließ er viele berühmte Gebäude errichten, erneuern und verzieren.

8 poeta, -ae m.
der/ein Dichter

9 carmen, -minis n.
das/ein Gedicht, das/
ein Lied

10 offendere, offendo
hier: Anstoß erregen,
gegen die guten Sitten
verstoßen

6. Ovidius poeta[8] ab Augusto expulsus est, cum imperator carmina[9] eius offendere[10] putaret.

a) Der Dichter Ovid wurde von Augustus vertrieben, weil der Kaiser der Meinung war, dessen Gedichte verstießen gegen die guten Sitten.

b) In dem Moment, wo der Kaiser den Eindruck bekam, die Gedichte Ovids verstießen gegen die guten Sitten, wurde der Dichter von Augustus vertrieben.

Mein Test

Nun solltest du erkennen können, ob du auf dem Stand des Wissens bist.

1. Bestimme die Formen vollständig:

Form	Bestimmung
Beispiel: amavissemus	1. Pers. Pl. Konj. Plqperf. Aktiv von amare
opprimamini	
ornarentur	
perfeci	
praebebam	
rapiemur	
relatum erat	
speres	
terretur	
vendidisset	
veriti sint	
Wenn du mehr als zwei Formen nicht richtig bestimmt hast, bearbeite die Übung 1 auf S. 108.	

2. Nero – ein Tyrann auf dem Kaiserthron?

Welche Übersetzung ist jeweils richtig? Kreuze an. Manchmal sind beide Übersetzungen richtig. (Eventuelle Fehler kommen nur bei der Wiedergabe der Verbformen vor.)

1. Ignoramus, num[1] omnia, quae Suetonius de Nerone imperatore refert, vera sint.

   a) Wir wissen nicht, ob alles, was Sueton über den Kaiser Nero berichtet, wahr ist.

   b) Wir wissen nicht, ob alles, was Sueton über den Kaiser Nero berichtet, wahr sei.

2. Nero, cui philosophus optimus magister esset, multa mala effecit[2].

   a) Nero, der zwar einen ausgezeichneten Philosophen als Lehrer hatte, bewirkte dennoch viel Schlechtes.

   b) Obwohl Nero einen ausgezeichneten Philosophen als Lehrer hatte, bewirkte er viel Schlechtes.

3. Imperator, qui luxuria, odio, voluptate[3] adductus regat, iure[4] tyrannus[5] vocatur.

   a) Ein Kaiser, der mit Verschwendungssucht, Hass und Willkür regierte, würde zu Recht „Tyrann" genannt.

   b) Wenn ein Kaiser mit Verschwendungssucht, Hass und Willkür regiert, wird er zu Recht „Tyrann" genannt.

4. Incertum est, quot homines Nerone imperatore in incendio urbis interfecti sint.

   a) Es ist unsicher, wie viele Menschen noch bei einem Brand der Stadt getötet werden, wenn Nero Kaiser bleibt.

   b) Es ist unsicher, wie viele Menschen unter Kaiser Nero beim Brand der Stadt getötet wurden.

5. Nero multa aedificia clara aedificari iussit, ut populis peregrinis maiestatem suam demonstraret.

   a) Um fremden Völkern seine Größe zu zeigen, ließ Nero viele berühmte Gebäude erbauen.

   b) Nero befahl, dass viele berühmte Gebäude erbaut werden, weil die fremden Völker nach einer Demonstration seiner Größe verlangten.

6. Nero timens, ne Romani se ipsum auctorem incendii accusarent[6], Christianos[7] urbem incendisse[8] dixit.

   a) Aus Angst, dass die Römer ihn persönlich als Urheber des Brandes beschuldigen würden, behauptete Nero, die Christen hätten die Stadt in Brand gesteckt.

   b) Nero fürchtete nicht, dass die Römer ihn persönlich als Urheber des Brandes beschuldigen würden; dennoch behauptete er, die Christen hätten die Stadt in Brand gesteckt.

Wenn du mehr als einmal falsch angekreuzt hast, bearbeite die Übung 2 auf S. 108/109.

1 num
hier: ob

2 efficere, efficio, effeci
bewirken; erzeugen; machen

3 voluptas, -atis f.
das/ein Vergnügen; (die) Lust; *hier:* (die) Willkür

4 iure
mit Recht

5 tyrannus, -i m.
der/ein Tyrann, der/ein Gewaltherrscher

6 accusare
anklagen, beschuldigen

7 Christiani, -orum m.
(die) Christen

8 incendere, incendo, incendi
anzünden, in Brand stecken

☿ 3. Dido und Aeneas – eine Liebe ohne Happy End

Setze die folgenden Formen an passender Stelle in die Lücken ein:

accepisset – deposuit – factum esset – fugissent – inciperet – invitaretur – manebit – rettulerit

1. Aeneas orae Carthaginis appropinquans ignoravit, quanta cum liberalitate a regina ad convivium[1] ———————————————.

2. Romanis cum Carthaginiensibus cenantibus[2] Iuno dea effecit[3], ut Dido Aeneam amare ——————————————.

3. Dido Aeneasque, cum e tempestate in speluncam[4] ——————————————————, voluptati[5] se dederunt.

4. Multi Vergilium poetam[6] diligunt[7], qui Didonis amorem maxima arte ——————————————.

5. Dido se quasi uxorem Aeneae putans ad se ipsam: „Si Aeneas me amat, mecum ——————————————.“

6. Sed Aeneas, qui fatum deorum ——————————————, Didonem reliquit.

7. Dido relicta omnem spem —————————————— et mortem sibi dedit.

8. Quid —————————————, si Aeneas apud Didonem mansisset? – Ignoramus.

> Wenn du mehr als zwei Formen falsch eingesetzt hast, bearbeite die Übung 3 auf S. 109/110.

1 convivium, -i n.
das/ein Gastmahl

2 cenare
speisen, essen

3 efficere, efficio, effeci
bewirken; erzeugen;
machen

4 spelunca, -ae f.
die/eine Höhle

5 voluptas, -atis f.
das/ein Vergnügen;
(die) Lust

6 poeta, -ae m.
der/ein Dichter

7 diligere, diligo
lieben, hochschätzen